D0561082

Meyer/Schulze
Wie wir das alles geschafft haben

Sibylle Meyer · Eva Schulze

Wie wir das alles geschafft haben

Alleinstehende Frauen berichten
über ihr Leben nach 1945

*Herausgegeben vom Senator
für Gesundheit, Soziales und Familie
in Berlin*

Verlag C.H. Beck München

Mit 51 Abbildungen, 5 Schaubildern
und 11 Tabellen

CIP-Kurztitelaufnahme der Deutschen Bibliothek

Meyer, Sibylle, Schulze, Eva:
Wie wir das alles geschafft haben: alleinstehende
Frauen berichten über ihr Leben nach 1945/
Sibylle Meyer, Eva Schulze. Hrsg. vom Senator
für Gesundheit, Soziales u. Familie in Berlin. –
3., durchges. Aufl. – München : Beck, 1985.
  ISBN 3 406 30330 7

ISBN 3 406 30330 7

3., durchgesehene Auflage 1985
© C. H. Beck'sche Verlagsbuchhandlung (Oscar Beck) München 1984
Satz und Druck: Hieronymus Mühlberger GmbH, Augsburg
Printed in Germany

Inhalt

Vorwort

Mit der vorliegenden Veröffentlichung soll die Erinnerung an die Lebensschicksale der Generation von Frauen wachgehalten werden, die an den Folgen beider Weltkriege besonders gelitten hat – an die Frauen, die zum Beispiel ihren Partner infolge des Krieges verloren und ihre Kinder in schweren Zeiten großgezogen oder nie einen Ehepartner gefunden haben. Gerade sie hatten einen maßgeblichen Anteil am Wiederaufbau unseres Landes. Ihr Einsatz wurde so selbstverständlich, pragmatisch und handfest geleistet, daß er nur allzu schnell in Vergessenheit zu geraten droht. Herkömmliche Geschichtsschreibung hat die Schnittpunkte von individuellen Frauenschicksalen, kollektivem Schicksal und großer Geschichte bisher kaum dargestellt.

Bei Kriegsende 1945 waren es vor allem Frauen, die aufräumten, Ordnung schafften und ein Weiterleben ermöglichten. In ihren Händen lagen die Last der Enttrümmerung und die Wiederherstellung der Versorgung. Solche Frauen kommen in diesem Buch selbst zu Wort und berichten, wie sie es geschafft haben, im Chaos mit ihren Kindern, Verwandten und Freunden das tägliche Leben zu organisieren. Sie erinnern daran, wie es war, als sie erfuhren, daß die Männer, Väter, Brüder und Söhne nicht wiederkamen und wie es war, ausgebombt, krank und hungrig zu sein und in Ruinen zu hausen. Sie erzählen schließlich über die allmähliche Normalisierung ihrer Lebensverhältnisse und ihr weiteres Leben als alleinstehende Frauen in Berlin.

Die Lasten und die Leistungen der gesamten Bevölkerung in dieser Zeit sind bewunderungswürdig. Die besondere Betroffenheit der alleinstehenden Frauen nötigt Respekt ab. Dies zu dokumentieren sind wir ihnen schuldig.

Ulf Fink
(Senator für Gesundheit, Soziales und Familie in Berlin)

Einleitung

Lebensgeschichten von Frauen, die Individuelles schildern und zugleich Allgemeines deutlich machen, stehen im Mittelpunkt dieses Buches. Frauen kommen sonst selten zu Wort – besonders wenn es um wichtige Ereignisse geht. Dieses Buch zeigt, daß Geschichte von und über Frauen historische Momente deutlicher machen kann als die üblichen Aufzeichnungen von Fakten und Daten über Siege und Niederlagen. Verschüttetes, vergessenes, wenig beachtetes Handeln und Fühlen von Frauen wollen wir dabei ins Licht rücken. Am Beispiel der Geschichte Berlins werden wir verdeutlichen, wie Frauen die Kriegswirren und Nachkriegsjahre erlebten und wie diese Erfahrungen ihr Leben beeinflußten.

Die Suche nach der Geschichte von Frauen bedeutet eine Spurensicherung im Alltäglichen – Alltägliches wird deshalb hier ernstgenommen. Übliche Formen der Geschichtsschreibung orientieren sich an den öffentlichen Bereichen des Lebens und nehmen vor allem Bezug auf die „große Politik". Auch in den meisten Abhandlungen über die Nachkriegszeit, in der der Beitrag der Frauen offensichtlich und entscheidend war, dominieren Analysen der politischen Ereignisse und wirtschaftlichen Entwicklung. Prägnante Daten – die Schlacht um Berlin, der Einmarsch der Roten Armee, die sogenannte Stunde Null, die Blockade, der 17. Juni 1953 und der Mauerbau – werden aufgegriffen und dargestellt. Die Bedeutung dieser Ereignisse für die Menschen werden dem Leser, vor allem wenn er die Zeit damals nicht miterlebte, nur selten deutlich.

Wird darüber hinaus der Alltag der Menschen thematisiert, beziehen sich diese Analysen zumeist auf den Alltag von Männern – auf Politik, Krieg oder Gefangenschaft – und es wird nur selten erkennbar, wie es den Frauen in der harten Nachkriegszeit erging. Frauen hatten nicht nur maßgeblichen Anteil am Wiederaufbau – Frauen räumten die Trümmer zur Seite und mußten den Platz der Männer einnehmen –, sondern sie ermöglichten tagtäglich das Überleben und die Versorgung der Menschen. Diese alltäglichen, pragmatischen Leistungen sollen in diesem Buch aufgezeigt werden. Frauen werden berichten, wie sie stundenlang um Lebensmittel anstanden, hamstern fuhren, aus kärglichen Lebensmittelrationen Mahlzeiten zubereiteten, die zerstörten Wohnungen notdürftig wieder herstellten und für ihre Kinder hungerten und froren.

Es ist bislang kaum bekannt, welche ökonomische Bedeutung diese Arbeit wirklich hatte und ob nicht gerade sie den wahren Grundstein für das Wirtschaftswunder der 50er Jahre legte. Heute denkt kaum jemand darüber nach, wie die Kriegs- und Nachkriegszeit den Lebenslauf der Frauen damals bestimmte. Wie haben Mädchen oder junge Frauen die letzten Kriegsjahre erlebt? Was bedeutete für Frauen mit kleinen Kindern der Einmarsch der Roten Armee? Wie konnten sie zwischen Trümmern und Schutt das Überleben organisieren, und wie haben sie „Normalisierung" und „Wirtschaftswunder" erlebt? Die Lebensberichte der Frauen geben Aufschluß über den weiblichen Alltag der End- und Nachkriegszeit, die 50er und 60er Jahre dieses Jahrhunderts. In ihren konkreten Schilderungen wird die Vergangenheit plastisch und die Erfahrung der Frauen verständlich. Die Schnittstellen von individuellem Schicksal und „großer Geschichte" werden deutlich.

Wir haben Gespräche mit 25 Frauen unterschiedlicher Herkunft und Schulbildung, aus verschiedenen Berufen und Lebenszusammenhängen geführt. Unsere Interviewpartnerinnen leben seit vielen Jahren in Berlin, die meisten sind hier geboren und aufgewachsen. Alle haben die Kriegs- und Nachkriegsjahre hier verlebt. Sie kommen aus verschiedenen Stadtteilen West-Berlins. Ein großer Teil unserer Gesprächspartnerinnen hat Kinder (viele von ihnen schon Enkel oder gar Urenkel). Zum Zeitpunkt der Gespräche, die zwischen November 1982 und Juni 1983 geführt wurden, war die jüngste 49, die älteste 85 Jahre alt.

Gemeinsam ist den befragten Frauen, daß sie seit dem Zweiten Weltkrieg alleinstehend sind, d. h. ohne Ehepartner leben. Die meisten haben infolge des Krieges ihren Mann oder Verlobten verloren und sind seitdem allein geblieben. Die Jüngeren unter ihnen fanden entweder in den Nachkriegsjahren keinen Partner oder wollten nicht heiraten.

Berlin war von jeher eine Stadt, in der viele alleinstehende Frauen lebten. Auch in der Vorkriegszeit gab es hier schon mehr Frauen als Männer. 1939 zum Beispiel kamen auf 45 % Männer 55 % Frauen, weit mehr als im Reichsdurchschnitt. Der Männermangel erreichte in der Nachkriegszeit seinen Höhepunkt. 4 Millionen deutscher Soldaten waren im Zweiten Weltkrieg gefallen, 6 bis 7 Millionen befanden sich bei Kriegsende in Gefangenschaft. 1945 war in Berlin das Zahlenverhältnis zwischen Männern und Frauen 37 % zu 63 %.

Gerade in der Altersgruppe ab 30 Jahren war die Frauenmehrheit bzw. der „Männermangel" besonders schwerwiegend. Noch 1959 wurden in West-Berlin in der Altersgruppe der 30- bis 40jährigen auf 40 % Männer und 60 % Frauen gezählt. In den höheren Altersgruppen wurde dieser Unterschied noch größer. Bei den 65jährigen und älteren waren es 65 % Frauen gegenüber 35 % Männern (im Vergleich dazu Bundesrepublik Deutschland: 47 % Männer zu 53 % Frauen). Heute sind in West-Berlin von der halben Million Menschen, die älter als 60 Jahre sind, zwei Drittel Frauen. Jede dieser Frauen hatte eine andere Lebensgeschichte, doch haben die „Alleinstehenden" – trotz aller individuellen Unterschiede – ein gemeinsames Schicksal.

Alleinstehend zu sein, bedeutete für Frauen – entgegen den Erwartungen, die der Begriff weckt – in der Regel nicht, daß sie alleine waren. Sie hatten zwar keinen Ehemann, lebten aber mit Kindern, Müttern, Schwestern, Schwägerinnen oder Großeltern zusammen. Frauenhaushalte waren in den unmittelbaren Nachkriegsjahren sehr häufig. Alleinstehende Frauen trugen die Verantwortung für die Familie, oft waren sie die Haupternährerinnen der Lebensgemeinschaften. Trotz ihrer Leistungen für ihre Familien und den Wiederauf-

bau der Stadt fand das „Wirtschaftswunder" für die alleinstehenden Witwen und Ledigen meist erst sehr viel später
statt als bei den „vollständigen" Familien. Sie hatten noch
lange unter den Kriegsfolgen zu leiden.

Ihre Arbeit hat bisher keine angemessene Würdigung gefunden. Die Jahre des Wirtschaftswunders, des Auf-
schwungs der Konsumgesellschaft haben uns die Leistungen
der Frauengenerationen, die einen oder beide Weltkriege
miterlebt haben, schnell vergessen lassen.

Heute leben unsere Gesprächspartnerinnen in Senioren-
häusern, Altenheimen oder in ihrer alten Wohnung. Einige
wohnen heute noch mit Schwestern oder Töchtern zusammen. Bei den meisten sind die Kinder längst aus dem Haus,
die Enkelkinder laden schon zur Hochzeit ein.

Für die nachfolgende Generation ist es schwer vorstell-
bar, wie diese Frauen lebten und wie sie die Nachkriegszeit
verbrachten. Auch wir haben die Nachkriegszeit nicht miterlebt und hatten deshalb viele Fragen an die Frauen. Durch
die Gespräche mit ihnen haben wir Wichtiges über die Generation unserer Mütter und über das Alltagsleben damals
erfahren. Gegenüber uns jungen Frauen haben unsere Interviewpartnerinnen offen über ihre Erfahrungen und oft
schmerzlichen Erlebnisse gesprochen, wobei sie uns nicht
irgendwelche schillernden oder überzeichneten Geschichten
erzählten, sondern mit präziser Erinnerung schilderten, wie
sie die Kriegs- und Nachkriegsjahre bewältigten. Sie erinnerten sich mit faszinierender Konkretion und gaben dadurch
ein plastisches Bild der Zeit.

Aus den 25 Interviews haben wir fünf typische Lebensgeschichten ausgewählt und exemplarisch für das Schicksal
vieler Frauen dargestellt.

Die erste Geschichte handelt von einer Mutter mit drei
Kindern. Ihr Mann ist im Krieg gefallen. Sie war bei Kriegsende 39 Jahre alt und zog ihre Kinder alleine groß.

Die zweite Geschichte wird von einer Frau mit einem
Kind erzählt. Sie ließ sich unmittelbar nach dem Krieg von
ihrem Mann scheiden und blieb alleine. 1945 war sie 23
Jahre alt.

Im dritten Beispiel wird das Leben zweier Schwestern wiedergegeben. Sie führten in der Nachkriegszeit mit ihrer Mutter und Großmutter einen gemeinsamen Haushalt und zogen ein Kind groß. Die beiden Schwestern erlebten das Kriegsende als 35- und 39jährige.

Die vierte Frau war bei Kriegsende elf Jahre alt. Sie lebte in den Nachkriegsjahren alleine mit ihrer Mutter, bis 1949 der Vater als ein ihr völlig Fremder aus dem Krieg zurückkam. Sie blieb ledig.

Ein weiteres typisches Schicksal wird in der letzten Geschichte geschildert. Frau Merz war 1945 30 Jahre alt, ihr Verlobter war im Krieg gefallen. Sie arbeitete in der Nachkriegszeit als Schneiderin. Sie wohnte mit ihrer Mutter bis zu deren Tod 1971 zusammen. Auch sie heiratete nicht.

Zwischen den Lebensgeschichten stehen fünf Kapitel, in denen Zeitabschnitte der Geschichte Berlins genauer beschrieben werden. Auch in diesen Kapiteln kommen die Frauen zu Wort und schildern, wie sie die jeweiligen Jahre erlebt haben. In diesen Abschnitten werden die Gesprächspartnerinnen aus den anderen 20 Interviews zitiert.

Im Kapitel „Wir haben mit der Gefahr gelebt" werden die letzten Kriegsjahre rekapituliert. Viele Männer waren an der Front, und die Frauen mußten, auf sich allein gestellt, das Leben zwischen den Bombenangriffen bewältigen. Je näher das Kriegsende rückte, desto schwieriger und auch gefährlicher wurde die Organisation des Alltags. Ein Teil der Frauen verließ mit den Kindern die Stadt. Ihr Leben in der Evakuierung und ihre Rückkehr nach Berlin werden in diesem Kapitel ausgeführt.

Im Kapitel „Von wegen Frieden" werden die Schlacht um Berlin und der Einmarsch der Roten Armee aus der Sicht der Frauen geschildert. Es wird gezeigt, wie sie das Kriegsende und die darauffolgenden Wochen erlebten.

Der Teil „Da gab's nur Trümmerstaub und Trockenmilch" stellt die unterschiedlichen Arbeiten der Frauen in den Mittelpunkt, die Überleben und Wiederaufbau ermöglichten. Die Frauen erzählen vom Schwarzmarkt und Hamstern, vom „Stubbenroden" und Enttrümmern und von den täglichen hauswirtschaftlichen Kunststücken, von denen die Existenz der Haushalte abhing. Abschließend werden wir auf die Blockade Berlins eingehen und ihre Auswirkungen auf den Alltag schildern.

Der nächste Abschnitt – „Als die Zeiten besser wurden" – nimmt Bezug auf die Veränderungen der Lebenssituation in den „goldenen" 50er Jahren. Alleinstehende Frauen hatten länger unter den Folgen des Krieges zu leiden als andere. Es wird gezeigt, wie sie von den Auswirkungen der Wohnraumnot und der Arbeitslosigkeit getroffen wurden. Auch die Einführung der Witwen- und Waisenrenten konnte ihre materielle Schlechterstellung kaum auffangen. Für die „Alleinstehenden" fand das private Wirtschaftswunder meist später statt als für „vollständige" Familien.

Das letzte Kapitel – „Ohne Mann war's schwieriger und einfacher zugleich" – beschreibt, was es für die Frauen bedeutete, alleinstehend, d. h. ohne Ehemann zu leben. In den unmittelbaren Nachkriegsjahren war es weder ungewöhnlich noch ein soziales Problem, alleinstehend zu sein und in einem Frauenhaushalt zu leben. Dies wurde in den 50er und 60er Jahren jedoch zunehmend schwieriger. Die Norm war wieder, verheiratet zu sein. Wie die Frauen dieses veränderte soziale Klima erlebten, wie sie damit umgingen und wie es ihnen bis heute ergangen ist, wird in diesem letzten Abschnitt geschildert.

Schließlich werden im Anhang – in Zeittafel und Tabellen – wichtige Informationen über die Situation und die Geschichte im Gebiet der heutigen Bundesrepublik und West-Berlin gegeben.

Am Ende dieser Einleitung möchten wir nicht versäumen, unseren Gesprächspartnerinnen herzlich zu danken. Denn ihr Anteil an diesem Buch liegt nicht nur in ihrer Bereitschaft, lange Gespräche mit uns zu führen, sondern auch darin, daß sie offen und geduldig Textauszüge aus den Interviews kritisierten und uns damit weitere wichtige Erkenntnisse vermittelten. Um die Anonymität unserer Interviewpartnerinnen zu wahren, wurden die Namen und Daten aller zitierten Frauen geändert.

1.

Klara Steiner, Jahrgang 1906, eine Lebensgeschichte

Klara Steiner, geborene Schütz, wurde im Jahr 1906 in einem Dorf in der Mark Brandenburg geboren. Die Eltern betrieben eine kleine Landwirtschaft, von deren Ertrag sie sich und die sechs Kinder jedoch kaum ernähren konnten. Als 15jährige wollte Klara nicht länger auf Kosten der Eltern leben und versuchte, ihr eigenes Geld zu verdienen. Sie ging, wie einer ihrer vier Brüder, nach Berlin, wohl wissend, daß es für „Mädchen von außerhalb" eigentlich nur eine Möglichkeit gab, Geld zu verdienen, nämlich „in Stellung" zu gehen.

Über die Stellenvermittlung „Eliserin" am Belle-Alliance-Platz fand sie Arbeit bei einer Bäckerfamilie in der Mittenwalder Straße. Dort mußte sie vor allem sauber machen, Essen kochen und täglich zwischen sechs und sieben Uhr morgens Brot und Brötchen austragen. 1929 lernte sie ihren Mann kennen, den sie bald darauf heiratete. Er arbeitete als Kraftfahrer in einer Fabrik für Schuhwarenbedarfsartikel. Das junge Ehepaar zog in die Palisadenstraße in den „roten Osten" Berlins, wo sich später die Kommunisten und Sozialisten schwere Kämpfe mit SA-Leuten und NS-Anhängern lieferten. 1931 wurde Frau Steiners erster Sohn geboren und eineinhalb Jahre später, 1933, der zweite. Nach der Machtübernahme 1933 wurde ihr Mann sofort entlassen. Sein Chef war Parteimitglied der NSDAP und wußte um seine Gesinnung. „Mein Mann ist am 1. Mai mit einer roten Nelke aufgekreuzt, das hat seinem Chef nicht geschmeckt, und daraufhin hat er ihn entlassen", erinnert sich Klara Steiner.

Herr Steiner bekam Arbeitslosenunterstützung, die bei zwei Kindern 17 Mark und 1 Groschen pro Woche betrug.

Damit mußte sie den Haushalt führen, Miete, Gas, Strom und alle sonstigen Kosten bezahlen und vor allem für vier Personen Essen auf den Tisch bringen. Dies gelang ihr nur, indem sie sehr sparsam wirtschaftete und sich am Wochenanfang das Geld genau einteilte. „Da bin ich mit ausgekommen, aber eisern", erzählt sie und ist stolz auf ihre Leistung.

Nach der Geburt der Tochter, 1935, zog die Familie in eine etwas größere Wohnung in die Prinzenstraße in Kreuzberg. Herr Steiner fand wieder Arbeit, wurde aber Anfang 1939 erneut entlassen. Nun mußte Frau Steiner Arbeit su-

Abbildung 1: Kinderbild 1915

chen, um den Lebensunterhalt der Familie zu sichern. Ihr Mann mußte auf die Kinder aufpassen, wenn sie aus der Schule bzw. Kindergarten kamen.

Herr Steiner wurde bei Kriegsausbruch 1939 als einer der ersten kurz vor Weihnachten eingezogen. Damit ihre drei Kinder nicht alleine bleiben mußten, wollte Frau Steiner aufhören zu arbeiten. Aber da die Firma, in der sie arbeitete, in die Kriegsproduktion einbezogen war, konnte sie nicht kündigen.

„Man kann die Kinder ja nicht allein lassen. Da bin ich dann zum Arbeitsamt und hab' gesagt, nicht wahr: ‚Also, ich kann nicht arbeiten! Außerdem hat der Göbbels erlassen, daß eine Mutter mit zwei und drei Kindern nicht arbeiten muß.‘ Da hab' ich zur Antwort gekriegt: ‚Sie haben gearbeitet, bevor der Krieg anfing, und jetzt, wo Krieg ist, müssen Sie auch arbeiten.‘ Und ich sage: ‚Und mit den Kindern, was soll mit denen werden?‘ ‚Da findet sich dann auch etwas.‘ Na, jedenfalls, ich bin nicht freigekommen, sondern mußte dort erst einmal weiterarbeiten.“

Mit dem Meister in ihrer Firma verstand sie sich gut und erreichte mit seiner Hilfe, daß sie zu Hause bleiben und für die Firma Heimarbeit machen konnte. Dies gab ihr die Möglichkeit, nebenbei noch die Kinder zu versorgen. Aber das Arbeiten zu Hause brachte Schwierigkeiten ganz anderer Art mit sich. Der Blockwart, der ein besonders überzeugtes Parteimitglied der NSDAP war, hatte schon länger ein Auge auf sie geworfen. Denn Klara Steiner war die Frau eines Kommunisten, spendete nichts für die Winterhilfe und ging auch nicht zur NS-Frauenschaft. Zusätzlich wurde sie auffällig durch den guten Kontakt zu einer jüdischen Familie in ihrem Haus. Sie grüßte diese Familie ganz bewußt in der Öffentlichkeit. Diese Einstellung und ihr Verhalten waren Gründe für den Blockwart, sie ständig zu kontrollieren und sie durch Schikanen einzuschüchtern.

Frau Steiner versuchte trotzdem, den Kontakt zu der jüdischen Familie aufrechtzuerhalten, was immer schwieriger wurde.

Eines Tages kam die Großmutter dieser Familie völlig verstört zu ihr. Sie berichtete Frau Steiner, daß ihre Schwiegertochter verschwunden und die kleine Enkelin vom Schulhof weggeholt worden war. Frau Steiner konnte durch einen Freund ihres Mannes, der bei der Polizei arbeitete, herausfinden, was passiert war: Schwiegertochter und Enkelin der alten Frau waren in ein Konzentrationslager deportiert worden. Frau Steiner versuchte nun heimlich, der alten Frau das Leben ein bißchen zu erleichtern, sie zu trösten und sie zu überreden wegzugehen. Die alte Frau wußte aber nicht, wohin und blieb, bis auch sie von Nationalsozialisten abgeholt wurde.

Von 1943 an wurde das Bombardement verstärkt. Bombengeschwader dröhnten Tag und Nacht über Berlin. Brandbomben und Luftminen fielen. Um dieser Bedrohung zu entgehen, ließen sich viele Frauen mit ihren Kindern evakuieren.

Frau Steiner wollte aber nicht aus Berlin weg. Obwohl ihre Wohnung schon schwere Schäden aufwies, sträubte sie sich gegen den Gedanken, evakuiert zu werden:

„Also, ich bin buchstäblich auf Raten ausgebombt. Zuerst traf es mein Schlafzimmer und dann das Wohnzimmer. Vom Schlafzimmer erst mal die eine Wand weg, beim nächsten Angriff die andere Wand weg. Und dann fing das Wohnzimmer an, so sachte zu kippen, die Küche und das Klo blieb uns erhalten.“

Erst als die Kinder immer größere Angst bekamen, entschloß sie sich, den jüngeren Sohn mit der Kinderlandverschickung nach Posen gehen zu lassen. Die kleine Tochter gab sie zu Verwandten aufs Land. Mit ihrem ältesten Sohn, der inzwischen 13 Jahre alt war, blieb sie in ihrer schwer zerstörten Wohnung in Berlin. 1944 wurde bei einem erneuten Bombenangriff das Vorderhaus getroffen:

„Das Vorderhaus brannte, und wir wollten eigentlich türmen. Hinten, durch die Fabrik, mußten wir raus. Und als wir raus waren, da sagt mein Sohn: ‚Mutti, jetzt habe ich die

Axt vergessen.' Er geht zurück und will das Beil holen, damit wir den Mauerdurchbruch schlagen können. Da geht er zurück und kam nicht mehr wieder. Er verschwand in diesem Qualm. Es war ja verrückt. Die ganze Ritterstraße brannte, alles brannte. Auch hier die Prinzenstraße brannte. Nun habe ich dagestanden. ‚Wo ist Günther geblieben? Und er kam dann erst spät nachts. Er hat sich im Dunkeln durchgetastet bis zur U-Bahn und ist die Schienen entlanggelaufen bis zum Kottbusser Tor. Und vom Kottbusser Tor aus kam er in die Adalbertstraße, wo ich Unterkunft gesucht hatte.

Und dann sind wir frühmorgens zu unserer Wohnung hin. Das Vorderhaus war abgebrannt, und der ganze Schutt war runtergefallen. Wir wohnten im Seitenflügel, da war alles runtergefallen. Unser Haus, also der Seitenflügel, fing auch an oben zu brennen. Und da habe ich noch die Axt genommen und hab' die Ecken oben rausgeschlagen – das Holz –, damit es sich nicht weiterfrißt. Dann haben wir hier die Möbel und alles rausgetragen, alles durch den Durchgang, wo alles runtergefallen war, und haben das rübergebracht auf die andere Seite. Die ganzen Häuser in der Prinzenstraße haben ja nun alle gebrannt und sind zusammengefallen. Ich sagte: ‚Günther, was sollen wir denn hier, nun haben wir die Möbel zwar hier unten, aber wir kommen ja nicht durch.' Auch wenn wir wirklich 'nen Wagen gehabt hätten, wär' es nicht möglich gewesen, da wegzukommen. Die ganze Prinzenstraße war ja voller Schutt. Dann sind wir beide wieder rein hier, in unseren Seitenflügel rauf, und haben versucht, nun alles, was da noch geglimmt hat, wegzuhauen, damit es nicht weiterbrannte. Und dann haben wir die ganzen Sachen wieder zurückgeholt. Wo sollten wir denn sonst hin? Wir kamen ja aus unserer Ecke nicht raus, weil der ganze Moritzplatz ja nun vollkommen kaputt war."

Bei einem anderen Bombenangriff kam der Alarm so spät, daß „die Hälfte der Bomben schon runter war, bis die Sirenen anfingen", so daß sie sich nur knapp in den Luftschutzkeller retten konnte und durch den Luftdruck fast erstickt wäre. Nach diesem bedrohlichen Erlebnis verließ sie Berlin.

Zusammen mit ihrem Sohn fuhr sie nach Lauchhammer zu den Verwandten, bei denen auch ihre Tochter untergebracht war. Die Fahrt dorthin war sehr beschwerlich:

> *„Das war so furchtbar, diese Hinfahrt. Ich weiß nur, daß wir zweieinhalb Tage für 128 Kilometer Eisenbahnlinie brauchten. In irgendeinen Zug rein, wieder raus, wieder rein, weil wir mehrmals beschossen worden sind."*

Bei den Verwandten in Lauchhammer durften sie zwei kleine Mansardenzimmer bewohnen. Trotzdem war das Zusammenleben auf so engem Raum sehr problematisch. Besonders die gemeinsame Nutzung der Küche führte zu Schikanen und Reibereien, die Frau Steiner nur schwer ertragen konnte. Sie durfte den Herd nur zu bestimmten Zeiten benutzen. Noch dazu war die Miete für die beiden Zimmer so hoch, daß die Unterstützung, die sie bekam, nicht zum Leben reichte. Sie begann für die Leute in Lauchhammer zu nähen. Vom Sack angefangen über Schürze und Nachthemd flickte sie alles wieder zu neuen Kleidungsstücken zusammen. Sie war froh, daß sich ihr Geschick herumsprach, denn zum Hamstern, meinte sie, sei sie „zu doof" gewesen. Durch das Nähen konnte sie zusätzlich Nahrungsmittel für sich und ihre Kinder besorgen, denn Geld und Bezugsscheine reichten nicht zum Leben. Obwohl die Einheimischen in der Regel auf die Berliner Evakuierten abweisend reagierten, verstand sie sich mit den Leuten gut. Der Bürgermeister, bei dem sie ihre Lebensmittelkarten abholen mußte, war ihr recht wohlgesonnen. Er ließ ihr eine Spende, einen Gutschein für einen Kochtopf, eine kleine Bratpfanne und für jeden eine Tasse zukommen.

> *„Darüber waren wir sehr froh, eine Tasse fehlte uns nämlich. Wir hatten nur noch zwei. Also, wenn wir nur eine gehabt hätten, dann hätten wir der Tante auch nicht gesagt, borg uns mal eine, das wollten wir nicht."*

Eines Tages kam der Gemeindediener zu ihr, um sie und ihren Sohn zu warnen. Am nächsten Morgen sollten sich alle Jungen ab dem zwölften Lebensjahr vor dem Haus der Ortsgruppe versammeln, da sie zur „letzten" Mobilmachung eingezogen werden sollten. Frau Steiner überlegte, beriet sich mit ihrem Sohn und beschloß, dieser Bedrohung des 16jährigen aus dem Weg zu gehen. Sie verschwand mit ihren Kindern bei Nacht und Nebel aus Lauchhammer, um mit ihnen nach Berlin zurückzugehen.

„Und da haben wir alles stehen und liegen lassen bis auf die Betten, die haben wir mitgenommen. Wir sind zwei Tage gefahren, einmal oben auf den Kohlen, und dann wieder in einem Güterwaggon. Einmal waren wir in der Nähe von Dresden, da war ja nicht sehr weit ranzukommen wegen der Zerstörung. Wir hatten die Bombardierung Dresdens von Lauchhammer aus gesehen, diese furchtbaren Christbäume, also, es war wie ein entferntes riesiges Feuerwerk, und man hörte auch irgendwie ein Grummeln.

Ja, und plötzlich waren wir wieder in Luckenwalde und sind bei Geschützdonner weitergefahren. Kurz vor Berlin mußte der Zug noch einmal anhalten, weil Tieffliegerangriffe waren, aber Gott sei Dank ist unserem Zug nichts passiert. Und dann waren wir wieder in Berlin, Bahnhof Zoo, und mußten gleich wieder in den Bunker. Und als wir aus dem Bunker rauskamen, haben wir nur geguckt, steht unser Haus noch, ist die Wohnung noch da.

Die letzten Wochen haben wir dann praktisch nur noch im Luftschutzkeller gewohnt. Wir hatten 'nen Luftschutzbunker am Moritzplatz, in der U-Bahn, da sind wir hingelaufen, wenn Alarm war. Also, eines Tages bringt mein Sohn ein Flugblatt mit nach Hause, das von Amerikanern und Engländern abgeworfen worden war. Die wollten die Bevölkerung vor den nächsten Bombardements auf dieses Stadtviertel warnen. Ich wußte dann zwar Bescheid, aber weitererzählen konnte ich es ja niemandem. Es war ja verboten, diese Flugblätter zu lesen. Und wir sind dann trotz dieser Warnung geblieben, weil wir ja nicht rauskamen aus der Ecke, und wo hätten wir auch hingesollt. Und acht Tage später war es so weit, da hatten wir dann den Segen von oben. Also, wir wußten, was da auf uns zukommt.

Abbildung 2: „In den letzten Kriegstagen waren in unserem Haus nur noch Frauen, Alte und Kinder. Wir sind gar nicht mehr aus dem Keller 'rausgekommen. Wir haben praktisch da unten gewohnt.“

Und der U-Bahn-Bunker war so voll, daß ich nicht mehr reingekommen bin. Dann bin ich wieder zurückgegangen und habe bei mir vorm Haus gestanden. In den Keller in meinem Haus hab' ich mich nicht mehr reingetraut, da ist mal 'ne Luftmine geschmissen worden, aber auf der anderen Seite, da sind wir im Keller samt der Bank, wo wir gesessen haben, von einer Wand zur anderen geflogen. Da hat mein Sohn gesagt: ‚Mutti, wenn wir nun verrecken müssen, können wir auch oben in der Bude verrecken, runtergehen hat ja auch keinen Zweck, wir werden bloß verschüttet.‘ Und dann bin ich aufs Dach, wollte sehen, ob hier bald Ruhe ist, komme aufs Dach und sehe hier über der Friedrichstraße die silbernen Vögel. Ich habe sie sogar gezählt: 39 Flugzeuge. Einflug über Hannover, Braunschweig, Kampfflugzeuge. Und ich wieder runter, in dem Moment rumst es. Ich stehe auf der Straße und sehe, wie eine Bombe, nicht ganz so lang

wie mein Zimmer, ausgeklinkt wird. Das Ding wurde aus-
geklinkt aus dem Flugzeug und pendelte so, und dann, mit
'nem Mal, haute es auf die Ecke runter, genau Ecke Stall-
schreiberstraße. Da sind die Schrankteile und alles, die Mö-
belstücke, die sind geflogen. Der ganze Moritzplatz war
schwarz. Und mit 'nem Mal merke ich etwas. Ein Granat-
splitter, der ist gegen 'nen Laternenpfahl und mir hier an die
Brust geprallt. Und diese scharfe Kante, die hat es mir hier
reingeschlagen. In dem Moment hab' ich gedacht, wenn es
mir an den Kopf gegangen wäre, wäre ich wenigstens weg-
gewesen."

Je näher das Kriegsende kam, desto mehr verschärfte sich
die Situation in ihrem Kiez. Deutsche Soldaten lieferten sich

Abbildung 3: Erschöpfung und Schrecken zeichnen die Gesichter
der Ausgebombten, die nach einem Luftangriff am Anhalter Bahnhof
stehen.

Straßengefechte mit russischen Soldaten. Haus für Haus wurde umkämpft. Die Russen kamen immer näher. Frau Steiner blickte dem Einmarsch der Russen mit einer fast abgeklärten Haltung entgegen; mehr als sterben könne sie nicht und wenigstens hätte die Bedrohung durch die Luftangriffe damit endlich ein Ende.

„Nun waren die Russen in unserer Straße. Da war ich eine von den ersten, die sie mitgenommen haben in den nächsten Keller. Nee, so hatte ich mir den Frieden nicht vorgestellt. Am nächsten Tag wurde ich dann auch noch meine Brieftasche los. Da kommt ein Russe, ich mußte mich an die Wand stellen. Und als ich an der Wand stand, mußte ich mich umdrehen, weil ich so geheult hab, und da hat er mir die Brieftasche weggenommen. So, nun hatte ich nichts mehr. Jetzt hatte ich keine Papiere mehr, kein Geld, nun hatte ich nichts mehr. Dann ging das los hier in der Prinzenstraße mit dem Aufräumen. Wir mußten die Steine wegräumen, und das hat mich geärgert. Und ich habe aus dem Fenster gerufen: ‚Holt euch doch die Nazifrauen, laßt mir meine Ruhe!' Aber mir ist dann doch nichts anderes übrig geblieben, denn ich hatte ja keinen Pfennig Geld mehr. Ich mußte ja Geld verdienen, und da hab' ich doch Steine geklopft. Was die für das Steinklopfen bezahlt haben, das waren pro Stunde 57 Pfennige, die erste Zeit. Hinterher gab es 61 Pfennige."

Das Ende des Krieges war für Frau Steiner zwar eine Erleichterung, die Bedrohungen waren jedoch für sie nicht zu Ende. Es fielen keine Bomben mehr, und doch waren die ersten Wochen des Friedens fast ebenso schwierig zu bewältigen wie die letzten Kriegswochen. Sie war zum Enttrümmern zwangsverpflichtet worden, wurde aber dafür bezahlt, während Frauen, die Parteimitglieder oder mit NS-Männern verheiratet oder deren Väter in der NSDAP waren, ohne Bezahlung arbeiten mußten.

Der Sohn war für sie eine wichtige Stütze, der alles heranschaffte und organisierte. Auch bei Schwarzmarktgeschäften war sie ganz auf seine Hilfe angewiesen. Ohne ihn hätte sie sich und ihre Tochter kaum über die Runden gebracht. Die Wohnung war so stark zerstört, daß sie nur in der Küche wohnen konnten. Die Fensterscheiben waren alle zerbrochen und die Türen aus den Angeln gerissen. Glas zu bekommen war völlig unmöglich. Sie blieb nur in der Wohnung, weil es nahezu ausgeschlossen war, etwas Anderes, Besseres zu finden. Ein anderer Grund zu bleiben war ihr Mann, von dem sie seit Kriegsende keine Nachricht mehr hatte und der sie wiederfinden sollte. „Ich habe gedacht, dein Mann ist in Gefangenschaft, man weiß nicht, wann er wiederkommt, aber du erhältst ihm die Bude."

Auch von ihrem zweiten Sohn, der mit der Kinderlandverschickung nach Posen evakuiert worden war, hatte sie seit Ende 1944 kein Lebenszeichen mehr erhalten. Sie wußte, daß er auf der Flucht vor der russischen Armee zuletzt in Thüringen gewesen war. Aber sie wußte nicht, ob er noch lebte und wo sie ihn hätte suchen sollen. Mitte 1945 kam der Junge zerlumpt, zerschunden und ausgehungert zurück. Nun mußte sie für drei Kinder sorgen.

Bei dem kräftezehrenden Steineklopfen, das sie ein paar Monate durchgehalten hatte, verdiente sie nicht genug für sich und ihre Kinder. Sie mußte sich andere Arbeit suchen und wurde Schaffnerin bei der BVG. Außer einigen Wagen, die von den wenigen alten Fahrern gesteuert wurden, wurden damals die meisten Busse von Frauen gelenkt.

Die Arbeit als Schaffnerin gefiel ihr gut, aber die Kinder machten ihr großen Kummer. Vor allem der jüngere Sohn schlug ständig über die Stränge. Trotz des besseren Lohns bei der BVG verdiente sie immer noch nicht genug, um ihren Lebensunterhalt zu sichern, so daß sie und die Kinder sich weiterhin einschränken mußten. Ihr jüngerer Sohn begann, die knappen Lebensmittel der Familie zu stehlen und Gegenstände aus dem Haushalt zu entwenden, um sie gegen Lebensmittel einzutauschen. Dieses Verhalten machte ihr neben den übrigen Alltagsproblemen die größten Sorgen. Auch die Lehrstelle, die sie ihm bei der GASAG mit viel Mühe besorgt hatte, änderte sein Benehmen nicht. Nachdem er eines Tages Kleiderstoffe von ihr gestohlen hatte und sie ihn

deswegen zur Rede stellte, lief er davon und verschwand.
Jahrelang hörte sie nichts mehr von ihm. Sie war verzweifelt
und hatte Schuldgefühle wegen seines Verhaltens, das in ihren Augen ein Ausdruck von Entfremdung und Verwahrlo-
sung war. Über ihr schlechtes Gewissen, nicht genug für ihre
Kinder getan zu haben, meint sie heute:

*„Ich hätte keine Arbeit suchen sollen. Heute stehe ich auf
dem Standpunkt, ich hätte hamstern fahren sollen, damit ich
meine Kinder ernähren konnte. Denn von dem, was du da
verdient hast, konntest du kein Brot für hundert Mark auf
dem Schwarzmarkt kaufen. Und darunter haben meine Kinder gelitten, sie sind nicht satt geworden."*

Bei der BVG fühlte sich Frau Steiner wohl. Das Betriebs-
klima war sehr gut, obwohl die Kolleginnen unter den
schwierigen Lebensumständen der ersten Nachkriegsjahre
litten und die Nerven aller angespannt waren. Die Kolleginnen waren solidarisch untereinander und unterstützten sich
gegenseitig, wo es nur ging. Frau Steiner war wegen ihrer
offenen, geraden Art und ihrer lebenspraktischen Ansichten
anerkannt und wurde bald zur Betriebsrätin gewählt. Sie
engagierte sich sofort für die Verbesserung der Arbeitsbedin-
gungen der Schaffnerinnen.

*„Das war so um 1948. Unsere Schaffnerinnen konnten
keine Schuhe kriegen, und es waren keine Strümpfe aufzu-
treiben. Mit allem möglichen Garn, ob rot, ob grün, wurden
die Löcher zugezogen. Und da kriege ich einen Zettel von
der Betriebsleitung, daß die Frauen sehr liederlich um die
Beine rum aussehen. Ich sollte dafür sorgen, daß das auf-
hört. So eine Frechheit, wie sollten die denn besser aussehen,
wenn es nichts gab. Also ich war empört und verhandelte so
lange mit der Betriebsleitung, bis ich 15 Paar Strümpfe für
die Schaffnerinnen zugeteilt bekam. Und dann ging es um
die Schuhe, die schiefen Absätze und zerlöcherten Sohlen.
Da habe ich bei der nächsten Versammlung einen Vorschlag
gemacht: ,Hier arbeiten Männer als Schaffner und Fahrer,
die eigentlich Schuhmacher sind. Und manche haben alte*

Klamotten zu Hause, bei denen vielleicht die Sohlen noch zu verwenden sind, um davon ein paar Absätze zu machen. Wir sollten einen Schuhmacher eine Zeitlang mal nicht als Fahrer beschäftigen, sondern als Schuster. Wir setzen ihn in einen Raum, und dann soll er uns die Absätze gerade machen.'

Ich habe so einen Beifall gekriegt durch diese Vorschläge, daß ich von der gesamten Gewerkschaft damals gelobt worden bin für diese Initiative. Das haben sie dann auf allen Bahnhöfen, ob hier im Westen oder im Osten, nachgemacht. Auf sämtlichen Bahnhöfen wurde ein Raum zur Verfügung gestellt, da saßen dann zwei Schuster. Also, das waren BVG-Angestellte, aber sie haben keinen Fahrerdienst gemacht, sondern eben für uns die Schuhe in Ordnung gebracht.

Die Arbeit bei der BVG hat mir viel Spaß gemacht. Ich habe dort bis 1950 gearbeitet, bis sie mich entlassen haben. Es gab jetzt wieder genug Männer, die unsere Arbeitsplätze übernehmen sollten und wollten."

Von ihrem Mann hatte sie jahrelang nichts mehr gehört, weder ein Lebenszeichen noch eine Nachricht von seinem Tod. Der letzte Brief von ihm trug das Datum Februar 1945. Nach langem Überlegen und Zögern ließ sie ihren Mann für tot erklären und bekam dadurch eine kleine Witwenrente. Diese Rente reichte kaum zum Nötigsten. Mittlerweile lebte sie nur noch mit ihrer Tochter zusammen. Ihr ältester Sohn war aus beruflichen Gründen nach Westdeutschland gegangen.

Da es „hinten und vorn" nicht reichte, mußte Frau Steiner wieder arbeiten gehen. Sie fand eine Stelle als Verkäuferin in einem Drogisten-Großhandel. Langsam, sehr langsam ging es ihr ab 1954 „wohlstandsmäßig" besser, denn da bekam sie eine Stube mit Küche in Neukölln und konnte sich die Wohnung bis zum Ende der 50er Jahre Stück für Stück wieder einrichten. Das Leben normalisierte sich. 1957 machte sie den Führerschein, pumpte sich Geld zusammen und kaufte ein kleines gebrauchtes Auto. Das war ihr „Wirtschaftswunder". An Männer und Ehe dachte sie kaum. Sie hatte dazu überhaupt keine Zeit. Eine Wiederverheiratung konnte sie sich nicht vorstellen:

> *„Nein, nein, also, da bin ich der Meinung, wenn man das macht, wenn man jung ist, dann mag das gehen. Wenn man zusammen alt wird, dann mag das auch noch gehen, aber nicht, wenn man ein gewisses Alter hat und wenn man dann schon ein paar Jahre allein gelebt hat. Dann ist eine gewisse Selbständigkeit und Unabhängigkeit da.“*

Solange die Tochter noch bei ihr wohnte, hatte sie jemanden, mit dem sie alle Sorgen und Freuden teilen konnte. Sie verstanden sich gut und fuhren auch zusammen in Urlaub. Die erste Reise in den 60er Jahren ging nach Italien, dem Traumziel vieler Berliner.

Mitte der 60er Jahre heiratete die Tochter und verließ das Haus. Doch Frau Steiner blieb nicht lange allein. Sie hatte bald einen Freund, aber keine Heiratsabsichten. Sie wollte lieber alleine bleiben. Sie wollte ihn treffen, gemeinsam in Urlaub fahren und die Feiertage mit ihm zusammen verbringen. Ein Zusammenleben mit ihm konnte sie sich nicht vorstellen. Sie wollte „Freiheit“ und Selbständigkeit behalten.

Auf ihr Rentnerdasein freute sie sich, da sie sich davon mehr Zeit für ihre politischen Interessen versprach. Die Arbeit als Verkäuferin hatte sie in den letzten Jahren so angestrengt, daß sie nach Arbeitsschluß – neben der Hausarbeit – kaum Lust hatte, etwas zu unternehmen. Als sie auf Rente ging, löste sie ihre Wohnung auf und zog in ein Seniorenwohnheim in ein 1-Zimmer-Appartement. Dort fing sie vor ein paar Jahren an, den Mieterrat für und mit Senioren zu organisieren. Seit Jahren ist sie nun Mieterrätin und zuständig für die großen und kleinen Sorgen der anderen Senioren. Sie ist enttäuscht darüber, daß die „Alten“ so wenig Interessen haben und nur schwer zu aktivieren sind. Ihr fehlen die politischen Diskussionen über Umweltverschmutzung, soziale Probleme, Rentenkürzung und die „Grünen“. Es kommt nichts „in Gang“. Die „Alten“ wollen nicht mehr diskutieren. Sie überlegt sich, ob sie sich der Seniorenbewegung „Graue Panther“ anschließen soll.

2.
„Wir haben mit der Gefahr gelebt".
Frauenalltag im Krieg 1939 bis 1945

Frau Steiner hat vom Lebensalltag der Frauen in der sich zunehmend verschärfenden Kriegssituation erzählt. Das Bombardement bedeutete für sie wie für Millionen anderer Berliner, daß Bunker und Keller zum gewohnten Nachtquartier wurden. Jedesmal wenn Fliegeralarm ertönte, mußten die Kinder aus dem Schlaf gerissen und angezogen werden. Die Frauen rafften die wichtigsten Dinge zusammen

Abbildung 4: Nachkriegsalltag

und rannten mit Kindern und Alten in die Luftschutzkeller. Später hatten die meisten schon einen gepackten Koffer an der Tür stehen und gingen im Trainingsanzug ins Bett, um schnell genug aus der Wohnung in die Sicherheit des Kellers oder Bunkers zu gelangen. Trotzdem versuchten viele, so lange wie möglich in der Stadt auszuharren.

Bereits im März 1942 hatten die Luftangriffe der Alliierten auf deutsche Großstädte begonnen. Der erste Großangriff war Ende Mai 1942 auf Köln gerichtet. Ende Dezember wurde Essen bombardiert und schwer zerstört (siehe Schaubild 2). Ab Januar 1943 begann für Berlin die Bedrohung durch die Luftangriffe, die das ganze Jahr 1944 hindurch andauerten.

Die schwersten Bombardements trafen die Reichshauptstadt am 22., 23. und 27. November 1943. Die Angriffe zerstörten mehrere Wohnviertel, das Regierungsviertel, weite Teile der Industrie und wichtige Verkehrsknotenpunkte. Nachdem große Teile von Wohnvierteln (Kreuzberg, Prenzlauer Berg, Friedrichshain, westliche und nördliche Vororte, Wedding usw.) in Schutt und Asche lagen, blieb für die Überlebenden immer weniger Wohnraum. 400 000 Obdachlose mußten in Notunterkünften wie Turnhallen, Schulen und U-Bahnschächten untergebracht werden.

Zwischen den Angriffen mußten Brände gelöscht und Trümmer weggeräumt werden. Besonders in den engen Straßenzügen und in den typischen Berliner Wohnhäusern mit mehreren Hinterhöfen, Seitenflügeln und Quergebäuden waren Brandlöschung und Bergung von Verschütteten sehr schwierig oder unmöglich. Frau Ostrowski, Jahrgang 1921, berichtet, wie sie mithalf, einen Brand zu löschen:

„Das eine Mal sind wir nach einem Angriff aus dem Keller gekommen, und da brannte das Dach von einem Eckhaus. Wir sind alle hingerannt und haben eine Wasserkette gebildet. Damals war es ja so, daß einer für den anderen da war. Dann sind wir aufs Dach raufgegangen. Also, ich habe solche Angst gehabt. Dann haben wir Ketten gebildet mit Wassereimern. Obwohl wir nasse Tücher vor den Gesich-

tern hatten, habe ich noch tagelang den Rauchgeschmack beim Husten und beim Sprechen in den Lungen gehabt. Aber wir haben den Brand löschen können."

Die Frauen versuchten zu löschen, Verwundete zu betreuen, ausgebombte Angehörige unterzubringen und auch noch irgendwie den eigenen Haushalt zu organisieren. In die Angst mischte sich der zähe Kampf um das alltägliche Weiterleben. Der Tod von Angehörigen, die Zerstörung von Wohnung oder Hausrat mußten durchgestanden werden. Jeder Angriff war seelische und körperliche Bedrohung zugleich.

Frau Weber, Jahrgang 1909, die mit ihren drei Kindern in der Frankfurter Allee wohnte, erzählt:

„Im November 1943 kamen die großen schweren Angriffe. Zuerst ist der hintere Teil unserer Wohnung zerstört worden, beim nächsten großen Angriff war die Wand vom Flur weg. Nur eine Stube blieb uns erhalten. Bei dem Angriff sind schräg rüber von uns, in dieser Bierfirma, über 60 Pferde in den Stallungen bei lebendigem Leib verbrannt. Dann kamen am 23. die ganz großen Angriffe. Wir wohnten in Nummer 39 im Eckhaus, und die ganze Straße runter, Nummer 41 und 43 und so weiter, war alles weg. Leute lagen verschüttet im Keller. Da ist keiner mehr lebend rausgekommen."

Frau Fischer, Jahrgang 1910, hatte zu diesem Zeitpunkt auch drei Kinder. Ihr Mann war unmittelbar nach Kriegsausbruch eingezogen worden. Sie berichtet:

„Es war so schlimm, die vielen Nächte, in denen es Angriffe gab. Die Kinder hatten solche Angst, die haben nur gezittert. Also, die aus den Betten zu kriegen, war schlimm. Mein kleiner Sohn stand immer da und zitterte. Er kriegte keine Hosen an, er kriegte keinen Strumpf an. Ich konnte ja nicht alle drei anziehen. Ich mußte sehen, daß wir auch ein bißchen was an Lebensmitteln mit runter nahmen. Wir hatten dann schon jeder so'n Köfferchen. Aber jedesmal mit den drei Kindern runter, das war furchtbar."

Abbildung 5: Auch Frauen werden im Krieg eingesetzt. Eine Flak-helferin wartet auf dem Anhalter Bahnhof in Berlin auf ihre Abreise an die Front im Februar 1945.

Mittlerweile arbeiteten viele Frauen in der Kriegsproduk-tion, viele wurden dazu dienstverpflichtet. Durch den Ein-zug von immer mehr Männern zum Kriegsdienst sank die Zahl der männlichen Arbeitskräfte in den Fabriken (s. Tab. 8). Wie schon im Ersten Weltkrieg mußten nun die Frauen –

freiwillig oder auch gezwungenermaßen – die Arbeitsplätze der Männer einnehmen. Durch Arbeitsdienst, Kriegshilfsdienst, Pflichtjahr und Dienstpflichtgesetz wurden sie zu schlecht bezahlter Arbeit herangezogen.

Viele junge Mädchen wurden als Arbeitskräfte in städtischen Haushalten oder auch in der Landwirtschaft eingesetzt. Frau Schmidt war 1944 15 Jahre alt und absolvierte das Pflichtjahr in einem Haushalt mit zwei Kindern. Ihre Pflichtjahrsfrau bestand darauf, daß sie nachts bei ihr blieb:

„Aber irgendwie wollte ich das immer nicht, ich war am liebsten bei der Mutti. Und wie das dann so ist, da kam ich eines Morgens hin und sehe, daß alles kaputt war. Nur noch Trümmer waren übrig. Und dann hörte ich, sie wäre drunter mit den Kindern. Sie, hochschwanger, und der Schuljunge waren tot. Nur das Kind, das sie auf dem Schoß hatte, hat überlebt und war schwer verletzt. Das war im Januar 1944. Da waren schon viele Familien aus Berlin evakuiert worden, so daß es schwierig war, eine neue Pflichtjahrsstelle zu bekommen. Ich habe dann mit der Handelsschule angefangen. Die wurde aber gleich geschlossen. Das war die Zeit: ‚Wollt ihr den totalen Krieg?‘ Dann steckten sie uns eben in die Fabriken – zum Kriegseinsatz. Ich war bei der AEG in Schönwalde, in der Röhrenfabrik. Wir mußten Senderöhren für Waffensysteme herstellen. Wir haben mit Seidenpapier die Röhren geputzt, die dann so furchtbar wichtig waren. Dort gab es nur ein paar Leute, die man kannte, das andere waren alles wildfremde Menschen. Außerdem waren da auch die ganzen Fremdarbeiter. Das ging so ein paar Monate, dann haben wir diese fürchterlichen Bombenangriffe mitgemacht. Ein Fliegeralarm in der Fabrik war furchtbar. Die großen Heizungsrohre gingen durch den Keller, da haben wir gedacht, wenn hier was passiert, dann bist du total verbrüht. Also, das waren schon Ängste, die da mitgemacht worden sind.“

Es war nur Zufall, ob man einen Angriff überlebte oder aber unter den Trümmern begraben wurde. Der Bombenkrieg und seine Auswirkungen – permanente Verdunkelung,

Zerstörung, Lebensgefahr – wurden zum Alltag. Viele Frauen schilderten, wie sie sich allmählich an die Bedrohungen gewöhnten und versuchten, zwischen Fliegeralarm, Entwarnung und Ausgangsverboten ihre Arbeit zu machen. Frau Steiner berichtet z. B. in ihrer Lebensgeschichte, daß sie nicht mehr bei jedem Alarm in den Keller ging. Man lernte, die unterschiedlichen Gefahren der Phosphorbomben, Luftminen und Stabbomben einzuschätzen und verlor somit auch ein wenig die Angst vor der Gefahr.

Zwischen den Angriffen stabilisierte sich der Alltag, das Leben ging weiter. Viele Frauen erinnerten sich, daß trotz ständiger Bedrohung mehr Feste gefeiert wurden denn je. Man traf sich nach der Entwarnung und suchte nach Verwandten oder Freunden, um zu sehen, wie es ihnen ergangen war. Die Treffen und Feiern bedurften meist keines großen Anlasses – man hatte überlebt, das war Grund genug zum Feiern.

Durch die zunehmende Zerstörung der Stadt wurde die Organisation des Alltags für die Frauen immer komplizierter. Sie mußten oftmals kilometerweit über Schutt und Trümmer zu ihren Arbeitsplätzen laufen, weil die Verkehrsverbindungen nicht mehr existierten.

Es gab zwar Lebensmittelkarten und Bezugsscheine, aber die Rationierungen erschwerten das Einkaufen erheblich. Die Schwierigkeiten, überhaupt Nahrungsmittel zu bekommen, wurden von Angriff zu Angriff größer, weil viele Geschäfte zerstört oder von den Besitzern geschlossen worden waren. Um überhaupt etwas zu bekommen, mußten die Frauen oft stundenlang anstehen. Auch das Kochen, Waschen oder Bügeln wurde zu einem großen Problem: Wasser, Gas oder Strom fielen zeitweise aus bzw. waren nur zur stundenweisen Nutzung rationiert. Nachts hieß es dann aufstehen, weil gerade mal wieder Strom oder Gas da waren, und schnell etwas kochen. Wenn Leitungen zerstört waren, mußte das Wasser oft weit geschleppt werden. Frau Hofmann, die die Kriegszeit als Kind in Berlin-Mitte erlebte, kann sich noch ganz genau an das tägliche Wasserholen erinnern:

Abbildung 6: „Irgendwie mußte der Alltag ja weitergehen.“

„Wasser gab es nicht im Haus, die Leitungen waren kaputt. Wir sind dann jeden Tag runter auf die Straße zu einer Wasserpumpe gegangen, von da haben wir dann die Eimer Wasser geschleppt, hoch in den vierten Stock. Na, und da gibt es so ein bestimmtes Gesetz. Wenn du nämlich ein Brettchen auf den Wassereimer legst, dann schwappt es nicht über. Und dann hatte jeder so einen Eimer mit 'nem Stullenbrettchen. Und wenn wir unser Wasser geholt haben, kam das Brettchen aufs Wasser, und dann haben wir das Wasser hochgeschleppt. Das war so unsere Arbeit nebenbei."

Wegen der zunehmenden Bedrohung der Bevölkerung durch die Bombardierung wurden ab 1943 verstärkt Evakuierungsaktionen durchgeführt. Besonders nach den verheerenden Luftangriffen auf Hamburg im Juli 1943 wurden die Evakuierungen auch in der Reichshauptstadt vorangetrieben. Für die arbeitende Bevölkerung – besonders die in der Rüstungsindustrie tätige – wurde allerdings mit besonderer Schärfe das Gebot des Durchhaltens propagiert und mit Dienstverpflichtungen durchgesetzt. Auslagerungen von ganzen Betrieben oder deren Verwaltungen waren nicht die Regel.

Vor allem Kinder und Jugendliche bis 18 Jahre sollten die Stadt verlassen. Teilweise wurden ganze Schulklassen – gemeinsam mit ihren Lehrern – aufs Land geschickt. Viele kamen auch privat bei Familienangehörigen oder Freunden im Süden oder Osten Deutschlands unter.

Von Januar 1943 bis Dezember 1944 sank die Zahl der in Berlin registrierten „Versorgten", d. h. Lebensmittelkartenempfänger, von 4,07 Millionen auf 2,82 Millionen. Bei den Evakuierten waren ungefähr die Hälfte Kinder und Jugendliche. Insgesamt wurden von Juli 1943 bis Oktober 1944 ca. 60 Prozent aller Kinder und Jugendlicher evakuiert. Am häufigsten waren darunter Kleinkinder bis 3 Jahre. Das Leben der Kinder galt mehr als die Sicherheit der Erwachsenen.

Die Evakuierungsmaßnahmen haben sicherlich vielen das

Leben retten und die Strapazen durch die Luftangriffe für Teile der Bevölkerung mildern können. Aber das Auseinanderreißen der Familien hat den Betroffenen auch Kummer und Angst bereitet. Kinder wurden oft für Jahre von ihren Eltern getrennt. Geschwister wurden, getrennt nach Schulklassen oder Altersgruppen, durch die Kinderlandverschikkung in unterschiedliche Gebiete geschickt.

Deshalb versuchten viele Eltern, ihre Kinder bei sich zu behalten und wehrten sich dagegen – wie auch Frau Steiner oder Frau Weber –, ihre Kinder der Kinderlandverschickung anzuvertrauen. Doch der allgemeine Druck, sich von den Kindern zu trennen, war sehr groß. Kindern, deren Eltern der Verschickung nicht zustimmen wollten, wurde der weitere Unterricht am Heimatort versagt, oder es wurde sogar mit dem Entzug der Lebensmittelkarten gedroht.

Frau Weber, Jahrgang 1909, lebte mit ihren drei Kindern in einer teilweise ausgebombten Wohnung. Ihr Mann war Soldat. Sie berichtet, wie ihr Sohn mit seiner Schulklasse Berlin verlassen sollte:

„Es war 1941. Mein Mann war schon weg, da kommt Heinz nach Hause und sagt: ‚Mutti, stell dir mal vor, wir haben einen neuen Direktor bekommen, und der ist bei der SS. (Schutzstaffel der NSDAP, d. V.) Und die Größeren' – es gab ja nur Jungensklassen dort – ‚kommen ins KLV-Lager. (Kinderlandverschickung, d. V.) Wer nicht mitgeht, geht zurück zur Volksschule.' Da wurden die Schulen verlagert, ja, ganze Schulen sind verlagert worden. Und die Lehrkräfte sind mitgegangen. Ich hab' sofort an meinen Mann geschrieben, was er davon hält, und bin den anderen Tag zum Lehrer gegangen. Der hat gesagt: ‚Frau Weber, das können Sie nicht machen, den Jungen noch mal auf die Volksschule schicken, das geht nicht.' Und außerdem wäre er da besser aufgehoben und so weiter. Ich habe dann zugestimmt. Was sollte ich denn machen?"

Die vorsorgliche Evakuierung von Frauen und Kindern hatte verschiedene Gründe. Einerseits war es möglich, Teile der Zivilbevölkerung in Sicherheit zu bringen, und andererseits konnten dadurch Versorgungsengpässe vermieden und Wohnraumnot für jene, die in der Stadt bleiben mußten, leichter bewältigt werden.

Frau Berg, Jahrgang 1910, Ärztin, war mit einem Ingenieur verheiratet. Sie hatte zwei kleine Kinder und erwartete zu jener Zeit ihr drittes Kind. Sie berichtet über ihre Evakuierung:

„Ich bin während des Krieges in der Evakuierung gewesen. Es war Sommer 1943, da waren die schweren Angriffe auf Hamburg. Wir wurden aufgefordert, Berlin zu verlassen. Ich bin zunächst mit meiner Tochter Christa und meinem Sohn Klaus nach Samter in den Warthegau gegangen. Und in Samter im Warthegau ist in der Evakuierung mein Sohn Hans, im Januar 1944, geboren worden. Ich habe die letzte Zeit meiner dritten Schwangerschaft bei dieser Dame in Samter verbracht und habe dort mit ihr in einer alten, ja, wahrscheinlich Jugendstilvilla zusammengelebt. Da wohnte sie seit Jahr und Tag, hatte Riesenzimmer und war auch verpflichtet damals, Räume an Familien, die evakuiert wurden, abzugeben. Sie war eigentlich heilfroh, daß sie mich reinbekam, weil wir uns gut miteinander verstanden und gut zusammen wirtschafteten. Mein Mann besuchte uns von Berlin aus am Wochenende, nicht regelmäßig, keineswegs, aber immerhin des öfteren. Ich habe mich dort eigentlich ganz sicher gefühlt. Also, Angriffe gab es dort nicht, wir hatten Ruhe. Na ja, ich bin in Samter eben notgedrungen gewesen und habe es keineswegs schlecht gehabt. Ich war halt allein mit den Kindern und wohnte in einem großen Zimmer mit allen beiden bzw. dann drei Kindern zusammen. Ernährungsmäßig standen wir dort eigentlich ganz gut. Überhaupt, solange Krieg war, war's in bezug auf die Ernährung durchaus tragbar. Und im Warthegau war es immer noch ein bißchen besser als in Berlin. Wir bekamen zum Beispiel viel Milch. Die Kinder bekamen pro Tag einen ganzen Liter, und ich als werdende Mutter bekam auch einen ganzen Liter. Es war natürlich enorm für Berliner Verhältnisse.

Aber es war meinem Mann und mir klar gewesen, daß dort viele Polen lebten und man dort keineswegs sicher war, wenn die Front irgendwie weiter nach Westen rückte. Das war uns schon im Sommer 1944 klar geworden, so daß wir überlegten, was wir machen. Im Herbst 1944 sind wir dann an die Ostsee gegangen. Es war gar nicht so einfach gewesen, weil mich in Samter das Landratsamt als Augenärztin einsetzen wollte und ich tatsächlich einige Male im Krankenhaus Samter mit einem Brillenkasten, der dort im Krankenhaus vorhanden war, und einem Augenspiegel, den ich selber besaß, Sprechstunde gehalten hatte. Und jetzt konnte ich Samter eigentlich nur verlassen unter dem Vorwand – ja, das war natürlich tatsächlich so –, daß meine Kinder gerade Keuchhusten hatten. Klaus hatte fürchterliche Hustenanfälle, und es war eben aus ärztlichen Gründen tatsächlich eine Luftveränderung sinnvoll. Auf diese Weise konnten wir Samter verlassen und landeten in dem Häuschen meiner Schwester an der Ostsee. Es war vom nächsten Dorf drei, na, immerhin so drei, vier Kilometer weg. Es lag direkt am Strand, völlig einsam. Ringsherum standen nur so Sommerhäuschen, die allerdings zum größten Teil im letzten Kriegsjahr bewohnt waren – von den Familien, denen sie gehörten und die mit ihren Kindern dorthin gezogen waren, um vor den Bomben sicher zu sein. Und dort habe ich diesen Winter verbracht.“

Das Leben in der Evakuierung war für Kinder meist leichter als für Erwachsene. Zwar hatten viele Kinder große Sehnsucht nach ihren Familien, aber das ungewohnte und interessante Landleben half über die Trennungsschmerzen hinweg. Viel schwieriger war es für die Frauen, mit den veränderten Lebensbedingungen in der Evakuierung fertig zu werden.

Durch unzureichende Organisation der Evakuierungsmaßnahmen kam es oft zu Schwierigkeiten mit den Einheimischen. Viele Wohnungsinhaber weigerten sich, Fremde aufzunehmen; sie konnten erst durch die lokale Parteidienststelle oder die Polizei dazu bewegt werden, Wohnraum abzugeben. Nur Verwandte wurden bereitwillig in der eigenen Wohnung untergebracht. Aber auch da war das Zusammenleben auf engstem Raum meist voller Spannungen und Reibereien. Schikanen, z. B. bei der gemeinsamen Küchenbenutzung, waren an der Tagesordnung. Zwar gab es sicher auch harmonische Gegenbeispiele, wie z. B. die Erfahrungen von Frau Berg belegen, jedoch hatten Evakuierte und Einheimische häufig nur wenig Verständnis füreinander. Die auch auf dem Land immer knapper werdende Versorgung mit Lebensmitteln, Kleidung und nötigstem Hausrat bot Anlaß für Haß und Mißgunst gegenüber den Städtern, die die knappen Zuteilungen durch ihre Anwesenheit noch mehr strapazierten. Die Einheimischen wurden in Geschäften oft bevorzugt bedient, und die Evakuierten mußten zusehen, daß sie überhaupt etwas abbekamen. Höchstens Verwandten gegenüber war man bereit, z. B. Obst oder Gemüse aus dem eigenen Garten abzugeben, Fremden gegenüber meist nicht.

Frau Ostrowski, Jahrgang 1921, war mit einem Piloten der Luftwaffe verheiratet. Sie hatte eine vierjährige Tochter und wurde nach Schlesien evakuiert. Im Gegensatz zu Frau Berg fühlte sie sich von den Einheimischen abgelehnt:

„Obwohl wir keine Ausländer waren, war es doch irgendwie komisch, wenn man als Städter zu den Schlesiern runterkommt. Die mochten uns nicht. Also, die wollten uns nicht. Die haben immer versucht, uns nichts zu geben und Abstand zu halten!"

Als die Rote Armee immer weiter in Richtung Westen vorrückte, begann, aus Angst vor den Russen und deren Rache für die Untaten der deutschen Armee in der Sowjetunion, die große Fluchtbewegung der Deutschen aus den Ostgebieten, der sich die Evakuierten anschlossen. Inzwischen wußten viele, daß es nicht die Russen gewesen waren, die ein friedliches Deutschland angegriffen hatten, sondern daß – umgekehrt – die deutschen Armeen in Polen und in der Sowjetunion einmarschiert waren. Millionen wehrloser Menschen waren dort ermordet oder als Zwangsarbeiter verschleppt worden. Zwar kannten die Flüchtlinge diese

Tatsachen nicht in allen Einzelheiten – und wohl auch nicht das ganze Ausmaß der deutschen Schreckensherrschaft –, aber sie wußten, daß sie mit Rache und Vergeltung rechnen mußten. Ihre Angst wurde durch die Propaganda des NS-Regimes noch gesteigert, die die Russen als blutrünstige Herde von ‚Untermenschen‘ dargestellt hatte. Fast vier Millionen Menschen verließen in den letzten Kriegsmonaten und ersten Nachkriegsjahren ihre Heimat oder den Zufluchtsort ihrer Evakuierung. Es waren überwiegend Frauen, Kinder, Alte und Kranke, die in diesen kritischen Wochen aus den Ostprovinzen, später auch aus dem Sudetengebiet und aus Mitteldeutschland, nach Westen flüchteten.

Frau Ostmeier, Jahrgang 1920, organisierte 1945 die Rückkehr der Kinder und Jugendlichen und die Versorgung der Flüchtlingstrecks aus den Ostgebieten:

„Ich war in Frankfurt/Oder, das war ja schon ein bißchen Vorposten. Wir haben dann Transporte mit Lastwagen zusammengestellt, weil im Osten, gerade in diesem Frankfurter Gebiet, die Russen sehr schnell vorwärts gekommen sind und die Kinder wirklich in Gefahr waren. Jetzt kamen die ganzen Trecks aus dem Osten. Das war wirklich ganz schrecklich. Die hatten ihre Kinder mit, aber kein Essen mehr. Da haben wir – das heißt eine Gruppe von zehn, zwölf Mädchen in meinem Alter – in Waschküchen große Kessel mit Suppe gekocht, Grießsuppe oder irgendwas. Die haben wir dann den Trecks entgegengebracht. Dann haben wir Stellen eingerichtet, wo die Kinder gewickelt werden konnten. Den ganzen Tag haben wir so Bettlaken zu Windeln gerissen. Irgendwie habe ich mich dabei infiziert und Diphtherie und anschließend Scharlach gekriegt. Das war natürlich für solche Aktionen unmöglich. Ich bin dann zwar auf sehr schrecklichen Wegen zurückgekommen, wir waren ziemlich weit vorn, weil die Trecks aus dem Osten ja immer empfangen werden mußten. Ich bin, todkrank wie ich war, mit einem Lastwagen der Soldaten weiter nach Berlin rangekommen, und dann hatte ich dort die Möglichkeit, eine S-Bahn zu kriegen.“

Die Frauen flüchteten in Gruppen mit Kindern und Alten in Richtung Westen. Sie entwickelten Fähigkeiten, sich durchzuschlagen, die ihnen vorher niemand, wahrscheinlich am wenigsten sie sich selber, zugetraut hätten. Alleine mit ihren Kindern oder in kleineren Gruppen versuchten sie nach Berlin durchzukommen, wo sie Angehörige oder Freunde vermuteten. Viele hofften, dort erst einmal Unterkunft zu finden. Tage- oft wochenlang waren sie zu Fuß, auf Lkws oder Fuhrwerken, in Güterwagen, Kohleloren oder mit dem Fahrrad unterwegs, um die Heimatstadt zu erreichen. Sie wußten nicht, was sie erwartete, die Post- und Fernmeldeverbindungen waren seit Monaten unterbrochen.

Frau Berg, Jahrgang 1910, berichtet über ihre Flucht mit drei Kindern von der Ostsee nach Berlin zurück:

„Wir wollten in Richtung Berlin auf dem Fahrrad starten. Ich hatte ein Damenfahrrad und hatte vorne ein Körbchen drauf, da saß Hans, der Kleine, der noch nicht laufen konnte, drin. Hinten hatte ich einen Gepäckträger. Ich besaß noch einen Mantel, und dieser Mantel wurde schön zusammengelegt und Christa draufgesetzt. Sie hatte einen Puppenkoffer, vollgepackt mit Knäckebrot. Den hielt sie krampfhaft fest. Meine Schwester hatte ein Herrenfahrrad, auf die Stange setzte sie Klaus, und hintendrauf, auf dem Gepäckträger, hatte sie einen Koffer und auf dem Koffer abgestützt einen riesigen Rucksack. Der Rucksack war vollgestopft mit Windeln und neun Broten, die wir mit unseren ganzen Lebensmittelkarten zusammengekauft hatten. Außen am Rucksack hing ein grünes Emailletöpfchen, denn der Kleine ging nur auf das Töpfchen. Und dann sind wir losgefahren, auf irgendwelchen Schleichwegen. Diese Strapazen! Ich kann gar nicht mehr sagen, wie lange wir unterwegs waren und wo wir überall übernachtet haben: im Wald, in irgendwelchen leeren Häusern, bei Leuten auf dem Fußboden, in einer leergeräumten Schule, irgendwo haben wir genächtigt."

Frau Berg erinnert sich detailliert an die wenigen Habseligkeiten, die sie mitnehmen konnte. Der Puppenkoffer mit Knäckebrot und der Rucksack mit den Windeln und den neun Broten, an dem das Töpfchen für den Jünsten hing, waren für sie so bedeutend, daß sie sich heute noch ganz genau daran erinnert. Von heute aus betrachtet, mögen dies scheinbar unerhebliche, nebensächliche Dinge sein, aber gerade diese „Kleinigkeiten" haben das Überleben ermöglicht oder zumindest erleichtert.

Die meisten Frauen erinnern sich an solche Einzelheiten. Auch daran, daß gerade die, die selbst nichts hatten, bereit waren, etwas Milch für die Kinder oder ein paar Kartoffeln abzugeben. Auch dies mag aus heutiger Sicht fast banal erscheinen, damals konnte es Kindern eventuell das Leben retten. Die die Flucht miterlebt haben, erinnern sich genau daran und können die Bedeutung solcher Erlebnisse genau bestimmen.

Für viele, die von ihren Habseligkeiten nichts retten konnten, war die Versorgung mit Lebensmitteln auf dem Rückzug nach Berlin nur noch durch Betteln oder Stehlen möglich. Viele haben die Flucht nicht überlebt.

Abbildung 7: Eine für diese Zeit typische Frauengemeinschaft, die auf der Flucht vor der Roten Armee nach Berlin zieht

3.

Charlotte Wagner, Jahrgang 1922,
eine Lebensgeschichte

Charlotte Wagner, geborene Kurz, wurde 1922 in Neukölln, einem Berliner Arbeiterbezirk, geboren. Sie wuchs ohne Vater auf und blieb viel sich selbst überlassen, da ihre Mutter den ganzen Tag in einer Wäscherei arbeitete und abends oft noch putzen ging. Als uneheliches Kind wurde Charlotte von Spielkameraden und Mitschülern gehänselt. Aber sie war stur, wehrte sich und lernte früh, sich durchzusetzen. Wenn es ganz schlimm wurde, verdrosch sie die anderen Kinder. Da sie groß und kräftig war, hatte das auch eine Wirkung.

Als 1933 die ersten BDM-Gruppen an ihr vorbeizogen, wollte sie unbedingt auch in den Bund Deutscher Mädel eintreten. Ihre Mutter war aus politischen Gründen strikt dagegen, aber letztlich schaffte sie es nicht, Charlotte abzuhalten.

„Ich bin 1922 geboren, war elf Jahre alt, als Adolf an die Macht kam. Ich war ein begeistertes BDM-Mädel. Wissen Sie, alle in der Schule waren im BDM, nur Mutter wollte nicht, daß ich da reingehe. Ich verstand nicht, warum. Alle liefen sie mit so einem schwarzen Tuch rum. Ich wollte auch so ein schwarzes Tuch haben. Und alle haben sie Sport getrieben und brauchten sonnabends nicht zur Schule. Ich mußte zur Schule, weil ich nicht im BDM war.

Da hat Mutter mir dann endlich erlaubt, daß ich in den VDA (Verein für das Deutschtum im Ausland, d. V.) eintreten darf. Dort trugen die einen blauen Schlips, und nun konnte ich auch so einen Schlips tragen. Und der VDA wurde dann irgendwann mal so sang- und klanglos vom BDM kassiert, und nun war ich doch drin. Für uns Kinder war das doch herrlich. Wir lagen nicht mehr auf der Straße rum und sind verreist. Wir haben unsere Fahrten gemacht. Sonnabends hatten wir Sport, und sonntags waren wir unterwegs."

Abbildung 8: Kinderphoto

Als Charlotte 1937 mit der Schule fertig war, wollte sie bei AEG eine Lehre als technische Zeichnerin machen. Ihre Chancen, dort einen Ausbildungsplatz zu bekommen, waren günstig, da mittlerweile die von den Nationalsozialisten angekurbelte Rüstungsindustrie auch qualifizierte weibliche Arbeitskräfte benötigte. Frau Wagner erinnert sich:

„Ich hab' erst 1938, also mit 16 Jahren, bei der AEG angefangen zu arbeiten, und vorher war ich noch ein Jahr im Landeinsatz. Damals mußte ja jeder zum Arbeitseinsatz. Und meine Mutter hatte sich da Gott sei Dank frühzeitig erkundigt, und sie hat gesagt: ‚Weißt du, wenn du jetzt mit 15 anfängst zu lernen, dann bist du 18, wenn du mit der Lehre fertig bist, und dann gehst du erst ein halbes Jahr in den Arbeitsdienst. Dann hast du den Anschluß gleich verloren. Wie wäre es denn, wenn du jetzt ein Jahr, nicht ein halbes Jahr, sondern ein Jahr, in den Landdienst gehst, dann brauchst du den Arbeitsdienst nicht mehr zu machen.' Das habe ich gemacht und habe danach erst angefangen zu lernen. Wobei ich sagen muß, Landdienst war eine harte Schule fürs Leben. Wir wohnten nicht beim Bauern, sondern in einem Heim, also kaserniert sozusagen. Früh um sechs fing die Arbeit an, und abends um acht war sie zu Ende. Und sonntags ging es von sieben bis eins und ungefähr wieder von fünf bis sieben Uhr abends. Wir mußten ja abends immer noch die Kühe melken. Also, es war eine harte Arbeit. Ich habe acht Tage Urlaub im ganzen Jahr und 15 Mark Lohn bekommen. Davon mußten wir uns aber selbst Kleider kaufen und unsere Wäsche und Schuhe besorgen. Da haben wir keine großen Sprünge machen können. Auf der anderen Seite war es eine relativ sorglose Zeit, denn man machte alles für uns. Wir brauchten nicht zu denken, nicht zu überlegen. Man hat gesagt, mach das, mach das, und das hat man dann gemacht. Ich war natürlich sehr froh, als ich endlich zurück nach Berlin durfte, dort wieder ein zivilisiertes Leben führen konnte, wieder Fingernägel bekam und die Schwielen von den Händen abgingen.
Dann hab' ich bis 1939/40 gelernt. Da war dann schon Krieg. Ich war natürlich ganz froh, daß ich dann nicht mehr in den Arbeitsdienst mußte, sondern hier in Berlin bleiben konnte. Na ja, ich hatte Glück. Die AEG war natürlich nicht in dem Sinne ein Rüstungsbetrieb. Wir bauten keine

Abbildung 9: Mittlerweile sind 1940 auch viele Frauen in der Kriegsproduktion beschäftigt. Hier bearbeiten sie Kartuschen in der Deutschen Heeres-Munitionsanstalt.

Rüstung, aber wir lieferten Zuarbeiten. Dazu wurde technisches Personal in Berlin gebraucht: Auch viele Männer, die Ingenieure waren, konnten bleiben, mußten nicht gleich in den Krieg. Dann kamen die Angriffe. Erst waren sie nicht sehr schlimm. Nur raubten sie uns die Nachtruhe, weil wir stundenlang im Keller sitzen mußten, ehe die Entwarnung kam. Diese Sirenen, das ist ein Ton, den man sein Leben lang nicht vergißt. Immer hatten wir Angst, daß wir wieder runter in den Keller mußten. Manchmal bin ich oben geblie-

ben. Ich war so müde in der Zeit, in der ich noch gearbeitet
hab. So müde. Da hab' ich gedacht, ist auch egal, dann gehst
du eben kaputt. Aber wenn es ganz schlimm war, dann hat
man sich doch in fliegender Hast angezogen und ist runter-
gegangen in den Keller."

Ein Einschnitt in dieser Zeit war für Charlotte ihre Heirat
1943. Als ihr Freund das erste Mal Urlaub von der Front
bekam, heirateten die beiden. Es war eine Kriegstrauung,
wie sie in jenen Jahren häufig vorkam. Da die Schwiegerel-

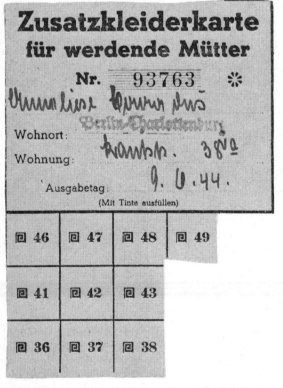

Abbildung 10: Zusatzkleiderkarte für werdende Mütter
aus dem Jahr 1944

tern mehr Platz in der Wohnung hatten als ihre Mutter, zog Charlotte zu ihnen in die Kantstraße. Im Winter 1944 gebar sie während eines Angriffes im Luftschutzkeller einen Sohn. Es blieb keine Zeit, ein Krankenhaus aufzusuchen. Frau Wagner konnte ihr Kind nicht stillen, weil sie selbst in den letzten Kriegswochen zu wenig zu essen hatte. Da aber auch kaum noch Milch zu bekommen war, kaute sie dem Kind Brot vor und versuchte, es damit zu füttern.

„Ja, und dann hat es uns ganz zum Schluß doch noch erwischt. Da hab' ich eine Bescheinigung darüber, daß ich obdachlos geworden bin und was ich mir alles kaufen könnte, und das im März '45. Ich weiß nicht, ich glaube, ein oder zwei Handtücher hab' ich noch gekriegt. Zum Glück hatte ich, wie gesagt, einige Sachen im Keller, die wir gerettet haben. Damals kam die Feuerwehr ja nicht, das Haus brannte eben ab.

Und ich sehe mich noch wie heute mit dem Kinderwagen losziehen. Die haben wir damals Volkswagen genannt, denn es war ein Einheitswagen, der hatte so kleine, nudelige Räder und war auch nicht sehr stabil. Also, ein Kind hat er überstanden, aber das zweite wahrscheinlich schon nicht mehr. Den Jungen hatte ich da drin und hier vorne ein Riesenbündel drauf. Über die Kantstraße wollte ich rüber. Aber ich kam nicht über den Damm, weil brennende Balken rumlagen. Die brannten nicht mehr lichterloh, es war nur ein Glimmen, aber ich kam nicht rüber.

Aber ich hatte dann Glück. Da kam so ein Trupp Soldaten an, die haben mir dann den Kinderwagen rübergetragen. Ich mußte ja nun mit den alten Schwiegereltern zusammen zum nächsten Obdachlosenheim. Das war in der Sybelstraße, in einer großen Schule. Man mußte ja erst mal die Nacht überstehen. Mein Mann war zu der Zeit gerade in Berlin. Er war verwundet worden und hatte hier in Moabit Wachdienst. Und als er hörte, daß die Kantstraße bombardiert worden ist, hat er sich freigeben lassen und kam zu Fuß an. Für ihn war das auch ein ziemlicher Schreck, als er um die Ecke bog und sah, Nummer 38 ist runtergebrannt. Na ja, dann hat er mich aber da in dem Obdachlosenheim gefunden. Wir haben in 'ner großen Turnhalle gesessen. Da wurden wir verpflegt, und die Jungen brüllten, und die Alten stöhnten. Es gab kein Wasser und keinen Strom. Ich konnte

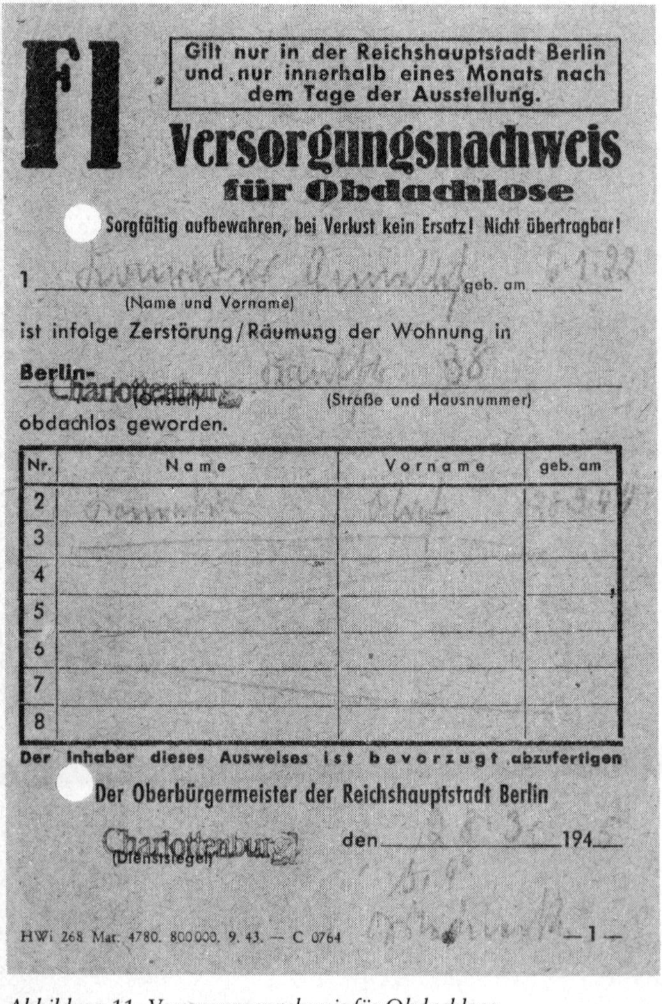

Fl

Gilt nur in der Reichshauptstadt Berlin und nur innerhalb eines Monats nach dem Tage der Ausstellung.

Versorgungsnachweis für Obdachlose

Sorgfältig aufbewahren, bei Verlust kein Ersatz! Nicht übertragbar!

1 ______ geb. am ______
(Name und Vorname)

ist infolge Zerstörung / Räumung der Wohnung in

Berlin-Charlottenburg ______
(Ortsteil) (Straße und Hausnummer)

obdachlos geworden.

Nr.	Name	Vorname	geb. am
2			
3			
4			
5			
6			
7			
8			

Der Inhaber dieses Ausweises ist bevorzugt abzufertigen

Der Oberbürgermeister der Reichshauptstadt Berlin

Charlottenburg (Dienstsiegel) den ______ 194__

HWi 268 Mat. 4780. 800000. 9. 43. — C 0764 — 1 —

Abbildung 11: Versorgungsnachweis für Obdachlose

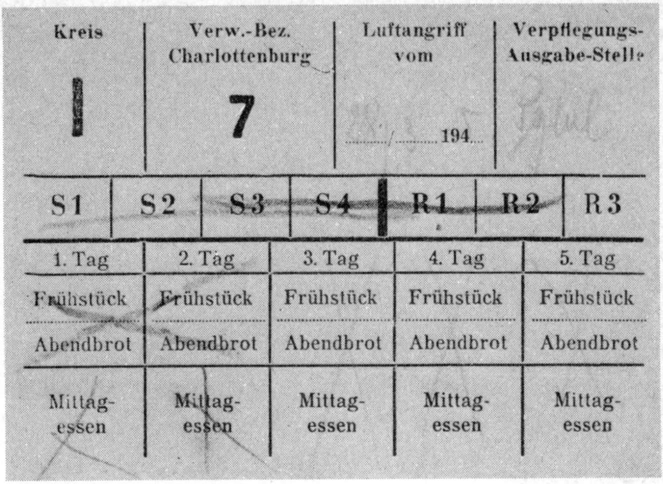

Kreis	Verw.-Bez. Charlottenburg	Luftangriff vom	Verpflegungs-Ausgabe-Stelle
	7	............/..........194...	

S 1	S 2	S 3	S 4	R 1	R 2	R 3

1. Tag	2. Tag	3. Tag	4. Tag	5. Tag
Frühstück	Frühstück	Frühstück	Frühstück	Frühstück
Abendbrot	Abendbrot	Abendbrot	Abendbrot	Abendbrot
Mittag-essen	Mittag-essen	Mittag-essen	Mittag-essen	Mittag-essen

Abbildung 12: Verpflegungskarte

*auch keine Windeln waschen. Die hab' ich dreckig aufge-
hängt und dann, wenn sei trocken waren, ein bißchen gerub-
belt. Es war ein Wunder, daß der Junge das überlebt hat.*

*Die Turnhalle, in der wir untergebracht waren, und der
Luftschutzbunker dazu waren völlig überbelegt. Es wurde
immer enger. Ich habe mich dann von der Sybelstraße zu
meiner Mutter nach Neukölln durchgeschlagen. Meine Mutter hatte eine 1½-Zimmer-Wohnung, bei ihr konnte ich un-
terkommen.*

*Aber dann nahm der Alarm kein Ende mehr. Vom 20.
April an sind wir überhaupt nicht mehr aus dem Keller gekommen. Nur mal schnell nach oben gerannt, Essen gemacht und dann gleich wieder runter. Gas und Wasser waren noch da, aber nur stundenweise.*

*Dann hieß es, wir müßten die Häuser verteidigen. Die
letzten alten Männer mußten zum Volkssturm und das Rat-
haus verteidigen. Wir waren nur noch alte Leute, junge Mä-
dels und Frauen mit Kindern. Dann ging es ruck-zuck. Am
25. April waren die Russen in Neukölln, und gleich an diesem Tag stürmte eine russische Kampftruppe den Keller. Wir*

haben geschlottert vor Angst. Die Kampftruppe selbst, die kamen bloß rein, haben kontrolliert, keine Pistolen, keine Waffen, keine Männer. Meine Mutter und ich, wir wollten uns eigentlich das Leben nehmen, aber das Kind war ja da. Wir waren so verängstigt durch die ganze Propaganda. Am meisten Angst hatten wir, daß uns die Russen vergewaltigen, und das ist auch so gewesen.

Es hieß gleich, als die ersten Russen einmarschierten: ‚Steckt eure Uhren weg, schüttet den Schnaps weg und versteckt möglichst eure Frauen.‘ Wir wußten alle, was kam. Eine Arbeitskollegin hat das furchtbar erlebt. Sie wohnte in einem Vorort und hat Furchtbares ausgehalten da mit noch einer Frau zusammen. Also, das war nicht nur Propaganda, es war das Recht des Siegers. Es war die Wut, die Rage, die durften das ja. Es war ihnen ja gesagt worden, ‚alles erobern, alles für euch‘. Die konnten plündern, die konnten morden, die konnten alles nehmen. Sieben Tage ging das, und danach sollte es eigentlich nicht mehr sein, aber es ging noch länger so. Dann haben sie auch mich rausgeholt aus der Wohnung, ich war drei Tage verschwunden, ich weiß heute noch nicht, in welchen Straßenzügen, ich könnte es gar nicht sagen. Auto, Lastwagen, weg, und nach drei Tagen bin ich wiedergekommen. Ich weiß es nicht wie. Ich habe sehr gelitten. Die Tochter der Nachbarin war sieben Tage verschwunden. Ein junger russischer Leutnant hatte sie aus der elterlichen Wohnung rausgeholt. Aber er hat sie phantastisch behandelt, hat ihr zu essen gegeben und hat ihr gesagt: ‚Ich möchte dich rausholen, damit du nicht das Schicksal der anderen deutschen Frauen erlebst.‘ Sie war sieben, sieben Tage weg, keiner wußte wo, aber sie kam zurück. Schön, sie mußte mit dem Mann schlafen, aber er war gut zu ihr, er hat sie gut behandelt, nicht mißhandelt und hat sie, als er weiterzog, wieder in das elterliche Haus zurückgebracht. Sie hatte Glück, sie hatte nur den einen Mann gehabt. Ich möchte sagen, in der Zeit war das ein unheimliches Glück, daß sie nur diesen einen Mann hatte und der auch noch gut zu ihr war. Er hat sie benutzt, aber er war gut zu ihr und hat die anderen von ihr ferngehalten. Aber ich hab

sehr gelitten. Aber wenn ich das mit Verstand betrachte,
sage ich mir, wahrscheinlich war alles nur ein furchtbares
Heimzahlen von dem, was unsere Männer auch in Rußland
angerichtet haben."

Abbildung 13: 1946 gab es 60 000 Trümmerfrauen in Berlin.

Monatelang lebte Frau Wagner in der Angst, schwanger geworden zu sein oder eine Geschlechtskrankheit zu bekommen. Diese Angst hatte sie noch Jahre. Gleichzeitig plagten sie Sorgen wegen ihres Kindes. Obwohl sie sich fast alles vom Munde absparte – ein Kunststück bei den mageren Rationen –, drohte das Kind zu verhungern. In ihrer Not beschloß sie, zusammen mit ihrer Mutter als Trümmerfrau zu arbeiten. Für diese Arbeit bekam sie Lebensmittelkarte II, was ihre materielle Lage etwas verbesserte. Sie mußten das Kind zum Enttrümmern mitnehmen und schoben den Kinderwagen neben der Lore her. Der kleine Sohn war so geschwächt, daß er kaum noch Kraft hatte zu schreien.

„Der Junge hat dann auch, als er drei Jahre alt war, Tbc bekommen. Ich weiß, dazu neigen Kinder leichter, aber wenn der Ernährungszustand besser gewesen wäre, wäre es wahrscheinlich nicht passiert. Ich war dann 1947/48 auf 84 Pfund runter. Ich war nur noch ein Strich, ich war überhaupt nicht mehr da. Ich kann heute nicht mehr sagen, wie wir das damals alles geschafft haben. Die Schlepperei beim Enttrümmern und die Schlepperei beim Hamstern, immer einen Zentner tragen über acht bzw. zehn Kilometer weg. Es kam drauf an, zu welcher Bahnstation ich mußte. Und dann hier dieses stunden- und stundenlange Anstehen! Manchmal hab' ich mich mit Mutter abgewechselt. Obwohl es Lebensmittelkarten gab, bekam man kaum etwas.“

1946 kam Charlottes Mann aus der Gefangenschaft zurück. Er war am Ende seiner körperlichen und seelischen Kräfte. Der kranke Mann war eine zusätzliche Belastung für die beiden Frauen, die mühsam das Überleben organisierten. Sie wohnten nun zu dritt mit dem kleinen Sohn in der 1½-Zimmer-Wohnung. Die Enge, der Hunger und die dauernde Überlastung führten zu Reibereien und Streit zwischen den Eheleuten.

„In der Kriegszeit waren wir sowieso getrennt, und dann kamen die Männer spät wieder. Oft wußte man gar nicht, ob sie überhaupt wiederkommen. Wir hatten noch gar nicht

*richtig angefangen, eine Ehe zu führen. Wir haben ja 1943
geheiratet. Eine sogenannte Kriegshochzeit war das, und '44
kam der Junge. So eine alteingefahrene Ehe war das nicht.
Nun waren wir eigentlich zum ersten Mal zusammen. Und
dann fehlte es an allen Ecken und Enden, nichts anzuziehen,
nichts zum Essen, kaum Platz in der engen Wohnung, nichts
zum Tauschen. Wir waren ja total ausgebombt. Wir hatten
ja nichts. Es wurde so schlimm zwischen uns, auch weil er
nichts tun wollte oder konnte. Er hat sich nicht rausgetraut,
ist nicht Hamstern gefahren und nichts. Ich bin arbeiten
gegangen und habe meine Arbeit gemacht, die ich als Hausfrau und Mutter zu machen hatte, aber mein Mann wollte
seine Arbeit nicht machen, nämlich z. B. Holz ranschaffen.
Wenn ich gesagt habe, wir frieren, geh doch ein Stubben
(Baumstumpf, d. V.) roden, dann ist er widerwillig gegangen
oder auch nicht. Und das kann ich dann wohl vermerken,
wenn ich mich in der schweren Zeit hinstelle und versuche,
aus nichts ein Essen zu machen und Kräuter sammle, bloß
damit ein bißchen Geschmack rankommt, stundenlang an-
stehe, die Wohnung sauberhalte, ihn sauberhalte, seine
dreckigen Unterhosen wasche, dann kann ich doch erwar-
ten, daß er seine Männerarbeit macht! Da bin ich lieber
allein. Ich hab' mich dann scheiden lassen.“*

Die dauernde Überlastung dieser Jahre — Schwerstarbeit
beim Enttrümmern, das schwache, kränkelnde Kind und der
Streit mit ihrem Mann — führten bei Frau Wagner zu einem
totalen Erschöpfungszustand. Sie mußte mit der Enttrüm-
merungsarbeit aufhören und sich eine leichtere Arbeit suchen. Glücklicherweise wurde ihr, vermittelt über eine Be-
kannte, eine Stelle im Büro angeboten. Allerdings wurden
dort Steno- und Schreibmaschinenkenntnisse vorausgesetzt.

*„Das konnte ich natürlich nicht. Da bin ich dann hier zur
Volkshochschule gegangen, habe dort Stenographie gelernt,
hab' mich bei einem Kursus für Schreibmaschine angemel-
det. Und den mußte ich bezahlen. Für die Volkshochschule
brauchte man zwar nur wenig bezahlen, aber den Kursus
mußte ich bezahlen. Und ich hatte eigentlich das Geld gar*

nicht. Ich habe Schulden gemacht, die ich dann noch lange Zeit abtragen mußte. Als ich den Kursus für Schreibmaschine gerade angefangen hatte, ich konnte a, s, d, f, weiter konnte ich nichts, also es war jedenfalls überhaupt nichts, ich konnte in meiner normalen Schrift schneller schreiben, da sollte ich mich vorstellen. Als der Chef mich dann fragte, habe ich dem tapfer ins Auge gesehen, habe gesagt: ,Jawohl, ich kann.' Ich mußte doch unbedingt arbeiten, ich war ja runter bis zum geht nicht mehr. Und mit der Zeit konnte ich dann auch besser tippen."

Es dauerte nicht lange, bis es auffiel, daß Frau Wagner weder perfekt Steno noch Schreibmaschine konnte. Ihr Chef drückte jedoch ein Auge zu und beschäftigte sie weiter als Registraturhilfe.

Die Berliner Blockade 1948 erlebte Frau Wagner als Verschärfung einer ohnehin seit Jahren zugespitzten Lebenssituation. Die Versorgung war von 1945 bis 1947 kontinuierlich knapper geworden. Ihre Familie hatte das, was sie noch besaß, verhamstert: Trauringe, Bettwäsche und der gute Wintermantel waren schon längst „aufgezehrt". Charlotte und ihre Mutter hungerten, um das Kind am Leben zu erhalten.

Die Blockade bedeutete für sie, daß sie auch noch Angst haben mußte um das wenige, was es auf Karten gab, denn die Versorgung war nun völlig abhängig von den Lebensmitteln und nötigsten Gütern, die über die Luftbrücke nach Berlin eingeflogen wurden.

„Daran kann ich mich noch genau erinnern. Wir wohnten vier Treppen hoch, dicht am Tempelhofer Flughafen. Und alle zwei Minuten kam eine Maschine. Also, sowie man das letzte Geräusch hörte – eine landete –, dann kam schon wieder die nächste. Ich hatte immer furchtbare Angst, wenn so Nebelwetter war, dann hörte man keine Maschine. Dann habe ich gedacht, jetzt kommt kein Flugzeug mehr, was nun, jetzt verhungern wir.

Und diese Sachen, die wir da bekamen, diese Trockenkartoffeln, die so süß schmeckten und so aussahen wie Karot-

ten. Also, es waren so gewürfelte Trockenkartoffeln, die schmeckten so süß, wie Veilchenpastillen. Und aus diesen Dingen haben wir Delikatessen gemacht. Erfinderisch bis zum letzten. Kartoffelbrei mit Wasser vermischt, Kartoffelpuffer, Kartoffeltorte und Kartoffelauflauf. Also, das war so vielseitig. Wir haben aus dem Trockenfutter alles gemacht. Ich kann mich auch sehr gut an das Ende der Blockade erinnern. Die Blockadeaufhebung kam, und über Nacht waren die Geschäfte voll. Plötzlich, über Nacht, wie aus der Erde gestampft, war das Räucherwarengeschäft voll. Wir haben zwei Stunden angestanden, um das erste Mal ein Stück Räucherfisch zu kriegen. Und als ich nach Hause kam, haben meine Mutter, der Kleine und ich dieses Stück Räucherfisch angestarrt. Wir konnten es gar nicht glauben, und meine Mutter hat gesagt: ‚Nein, das gibt es nicht.' Wir haben den Duft gerochen, keiner hat sich getraut, an dieses kleine Stück Fisch ranzugehen. So hab' ich die Blockadeaufhebung in Erinnerung. Ein Stück Räucherfisch, drei Mann drum, die riechen durften, also, das werde ich nie vergessen, dieses Stück Räucherfisch."

Nach Aufhebung der Blockade, 1949, wurde die Versorgungssituation über Nacht besser, und es gab wieder genug zu kaufen – allerdings nur für diejenigen, die es sich leisten konnten. Für Frau Wagner und ihre Familie wurde die finanzielle Lage erst besser, als sie 1950 wieder als technische Zeichnerin bei AEG anfangen konnte.

„Abgesehen davon, daß ich arm war und daß ich nichts hatte und mir auch noch nicht viel anschaffen konnte, begann für mich bei AEG wieder ein normales Leben. Ich fing an zu arbeiten, und es kam wieder Geld rein, und ich konnte die notwendigsten Bedürfnisse decken. Bis 1960 ging es uns zwar immer noch ziemlich mies, aber es war zumindest wieder eine kleine Sicherheit da für mich, meinen Sohn und meine Mutter. Daß der Wohlstand ausgebrochen ist, wie gesagt, das hat bis 1970 gedauert. Dann konnte ich natürlich auch keine Reichtümer ansammeln, aber ich war zufrieden mit dem, was ich hatte. Ich habe an Weiterbildungskur-

sen, die vom Betrieb aus durchgeführt wurden, teilgenommen und habe dann selbständige Konstruktionsarbeiten im Anlagenbau ausgeführt.

Vorwiegend haben wir automatische Steuerungen von Walzwerken gemacht. Und das ist ja abstrakt, also das ist für eine Frau ein bißchen kompliziert, da braucht man natürlich ein fundiertes Wissen. Ich hab' es da nicht zu den großen Größen gebracht, aber ganz gut bis zum Ingenieur. Schwierig fand ich, und darüber habe ich mich ganz mächtig aufgeregt, daß wir Frauen immer weniger Geld verdient haben als die Männer. Ich habe dieselbe Arbeit gemacht wie ein Kollege – nein, nicht dieselbe, sogar 'ne bessere Arbeit. Aber er hat mehr verdient. Er war ein Mann. Das fand ich eine derartige Ungerechtigkeit, und das habe ich meinem Chef dann auch gesagt. Und daraufhin ist erst mal wieder nichts passiert. Es hat einige Zeit gedauert, dann ist mir der Kragen geplatzt. Und da bin ich dann doch auf die Barrikaden gestiegen, weil es so ungerecht war. Ich bin in die höhere Instanz gegangen, und dann endlich habe ich Recht bekommen. Dann war ich ungefähr mit meinen Kollegen gleichgestellt. Ich hatte ein Kind zu ernähren und hatte noch meine alte Mutter zu versorgen."

Ihr beruflicher Aufstieg wurde durch die Sorge für ihre Mutter und die Probleme mit dem Sohn erschwert. Anfangs konnte ihr zwar die Mutter noch einiges an Arbeit im Haushalt und bei der Betreuung des Sohnes abnehmen. Dies fiel ihr jedoch immer schwerer. 1958 starb die Mutter nach zwei Jahren Krankheit. Die Erziehung des Sohnes lag nun alleine bei Charlotte.

„Ja, da wurde es schwierig. Am meisten hat mir meine Mutter gefehlt. Ich mußte alle Entscheidungen alleine treffen und konnte mich mit keinem mehr aussprechen.

Der Vater hat sich überhaupt nicht mehr um den Jungen gekümmert. Er hat gar nicht – weder zu Weihnachten noch zum Geburtstag – an ihn gedacht. Also, ich mußte alles allein machen, und das war manchmal recht schwierig, noch dazu, da der Sohn auch ein sehr schwieriger Schüler war.

*Meine Freizeit war knapp, ich mußte ja auch noch sauber-
machen und den Haushalt führen, und Überstunden habe
ich auch noch gemacht. In meiner knappen Freizeit mußte
ich mich noch Stunde um Stunde mit ihm hinsetzen, manchmal das ganze Wochenende, um Schularbeiten mit ihm zu
machen. Also, das war schon schwierig für mich allein. Ich
hab' ein hartes Leben hinter mir. Aber auch wenn man allein ist, muß es gehen."*

Ihr Sohn machte ihr immer wieder Sorgen. Er war, wie sie
sagt, „ein Tunichtgut". Ständig verlor er irgend etwas: den
Griffelkasten, die Schultasche, die Strickjacke, die Mütze.
Das riß jedesmal ein Loch in ihr knappes Haushaltsbudget.
Seine Erziehung war nicht leicht. Obendrein bekam sie ein
schlechtes Gewissen, weil sie sich wegen ihrer Erwerbstätigkeit nicht genügend um ihn kümmern konnte.

Aber der Gedanke, nochmals zu heiraten, um dadurch
Unterstützung für die Erziehung ihres Kindes zu bekommen,
war nicht nur wegen des „Männermangels" schwer zu ver-
wirklichen; sie hatte auch gewichtige Gründe, diesen Schritt
nicht zu tun.

*„Vom Heiraten hatte ich die Nase voll, ein für allemal.
Deswegen bin ich nicht immer allein gewesen, so ist es nicht,
aber heiraten wollte ich nicht mehr. Ein Grund ist, daß es ja
selten gut geht mit dem neuen Vater. Das kann gut gehen,
aber es gibt sehr oft Schwierigkeiten. Das ist der eine Grund.
Und zum zweiten, ich bin kein Typ, der sich so furchtbar
gerne unterordnet. Die Männer meiner Generation, die sind
noch daran gewöhnt, daß sich die Frau bedingungslos unter-
zuordnen hat. Ich kenne auch viele Frauen in meinem Alter,
da kann der Mann sich nicht den Kaffee alleine in seine
Tasse einschenken. Da schreien die Männer: ‚Schmier mir
doch mal das Brot.' Dann wird ihm das Brot geschmiert.
Also, ich finde, ich bin doch kein Dienstmädchen. Ich meine, ich mach' das gerne, wenn ich es freiwillig tue, oder
wenn er krank ist, oder wenn sonst was ist, aber er wird sich
doch mal 'ne Schnitte schmieren können. Ich bin nicht der
Typ, der sich unterordnet, also das kann ich nicht. Das war*

wohl auch mit ein Grund, nicht mehr zu heiraten. Und so einfach war es anfangs ja auch nicht, die Männer waren weg, viele sind im Krieg gefallen. Ich glaube, so die Jahrgänge 1916 bis '21 oder '24, da sind viele Männer gefallen. Dieser Männermangel, der machte sich bemerkbar.

Es ist nicht so, daß ich keine Chancen hatte. Ich war mal eine ganz gutaussehende Person, das gibt sich im Laufe des Alters. Aber ich hatte schon Chancen. Ich hätte gut und gerne wieder heiraten können, aber nee, das wollte ich nicht, zum Heiraten war ich zu selbständig.

Und ansonsten wird man ja auch ein bißchen ruhiger. Ach, wissen Sie, die Dinge, wo man mal einen Mann braucht, die kann man auch so haben, da muß man nicht gleich heiraten. Also, ich bin auch so durchgekommen. Es war schwer mit dem Jungen, aber das vergißt sich dann nachher auch wieder."

Frau Wagners Gesundheit hatte in den letzten Kriegsjahren und in der Nachkriegszeit sehr gelitten. Sie hat schwere Gallen- und Nierenleiden als Spätfolgen der Unterernährung und mußte in den 60er Jahren schwierige Operationen über sich ergehen lassen. Da sie aus gesundheitlichen Gründen ihre Arbeit nicht mehr schaffte, mußte sie früher in Rente gehen. Finanziell konnte sie es sich leisten, immerhin war sie 35 Jahre in einer gut dotierten Stellung erwerbstätig gewesen. Seit den 70er Jahren wohnt sie in einer 2-Zimmer-Wohnung, die sie eigenhändig renovierte. Da sie etwas „von Elektrik" versteht, hat sie sogar Leitungen selber verlegt. Auch die Tapezier- und Malerarbeiten hat sie ganz langsam, Zimmer für Zimmer, selbst ausgeführt.

Lange Zeit hatte Frau Wagner einen Freund, von dem sie sich erst vor ein paar Jahren getrennt hat. Sie fühlt sich nicht einsam, da sie einen großen Freundes- und Bekanntenkreis hat.

„Ich freue mich jeden Tag darüber, daß ich noch einigermaßen gesund bin, daß ich so viel habe, daß ich mich satt essen kann und daß ich mir etwas anzuziehen kaufen kann und daß ich meine kleinen Wünsche erfüllen kann. Ich habe

ein kleines Auto, wofür ich viele, viele Überstunden gemacht und lange gespart habe, damit ich mir das leisten konnte. Und ich verreise, wenn es geht, zweimal im Jahr. Ich habe seit 1970 viele, auch große Reisen gemacht. Da fing für mich eigentlich meine beste Zeit an. Ich habe ein ganzes Stückchen von der Welt gesehen, dazu habe ich jetzt aber keine Lust mehr. Ich kann auch gar nicht mehr so."

4.
„Von wegen Frieden".
1945: ‚Stunde Null' in Berlin

Frau Wagners Geschichte ist ein Beispiel für das Schicksal von Frauen in den ersten Wochen und Monaten nach Kriegsende. So wie sie den Einmarsch der Russen schildert, erlebten ihn viele Frauen.

Am 21. April hatte die Schlacht um Berlin begonnen. Die Soldaten der Roten Armee hatten die Stadt eingekreist und rückten langsam auf die Innenstadt zu. Straßenzug um Stra-

Abbildung 14: In Kreuzberg sind 1945 42 % der Wohnungen zerstört. Fassadenreste des Anhalter Bahnhofs erinnern heute noch an den Krieg.

ßenzug wurde umkämpft und eingenommen. Der Befehl Hitlers zur bedingungslosen Verteidigung der Stadt kostete tausende das Leben. Hitlerjugend und alte Männer wurden aus den Häusern geholt und im Volkssturm zusammengezogen. Etwa 90 000 Männer versuchten, die Reichshauptstadt gegen die russische Übermacht zu verteidigen. Es kam zu erbitterten Kämpfen mitten in der Zivilbevölkerung. Frauen und Kinder konnten kaum noch die Luftschutzkeller verlassen. Zum Teil versuchten Frauen, die Männer von der sinnlosen Verteidigung abzuhalten. Sie verhinderten die Aufstellung der Geschütze vor ihren Häusern, denn dies erhöhte die Gefahr für Frauen und Kinder im Luftschutzkeller. Am 2. Mai wehte die sowjetische Fahne vom eroberten Reichstag. Damit war Berlin von der Roten Armee eingenommen. In den Häusern gab es keine Männer mehr, die die Frauen und Kinder hätten beschützen können. Die Frauen mußten zusammenhalten und versuchen, sich gegenseitig zu helfen. Frau Marquardt schildert, wie sie den Einmarsch erlebte und welchen Bedrohungen sie ausgesetzt war:

„Es ist, als wenn ich das gestern erst erlebt hätte. Und wie lange das auch her ist, ich vergess' das nie. Die Russen kamen in unseren Keller und wollten das Haus in die Luft sprengen. Meine Mutter ging bettelnd hin, daß sie uns vorher aus dem Keller lassen. Dann standen wir auf der Stenzelstraße, heute heißt sie Blissestraße. Die ganzen Häuser brannten. Dann haben uns die Russen durchgelassen bis zur Wilhelmsaue. So sind wir aus dem Kampfgebiet rausgekommen. Dort waren Leute, das müssen Kommunisten gewesen sein, die hier im Untergrund gelebt haben. Die haben mit den Russen verhandelt, damit wir Zivilleute rauskonnten, daß mal 'ne kleine Pause war. Wir sind an Stalinorgeln vorbeigegangen, überall lagen Leichen. Die Russen haben gleich ihre Leute genommen, auf die Stalinorgeln und weg mit denen. Die Deutschen blieben da liegen. Das sind alles alte Zivilisten gewesen, es waren ja keine Männer mehr bei uns. Die Männer haben sie uns vorher rausgeholt, meinen Vater auch. Über Leichen sind wir gegangen, während die

Panzer noch fuhren. Alles war verstaubt von diesen Schüssen. Es gab kein Blatt am Baum. Als wir die Blissestraße raufgegangen sind, kamen die Tiefflieger der Russen. Also, wir haben uns in die Gärten und in die Zäune geworfen. Die haben uns nun Gott sei Dank nicht beschossen, die haben uns laufen lassen.

Wir sind dann weitergeschlichen, an der Bank vorbei. Und da lag das Geld auf der Straße. Also, wir haben alles liegenlassen, bloß raus, raus. Wir kamen nach Steglitz, da haben sie nicht so gekämpft. Da sind die Leute mit dem Teig zum Bäcker gegangen, haben Brot backen lassen und Kuchen backen lassen. Wir haben gedacht, also das kann doch nicht wahr sein. Wir sind in einem Haus in der Markelstraße untergekommen. Wir wurden in eine Wohnung eingewiesen, da waren die Leute nicht da, weil die geflohen oder tot waren. Und dieser Hauswart dort war ein Kommunist, und der hat gesagt: ,Geht mal nach oben. Ich passe auf, euch geschieht nichts.' Trotzdem waren wir Frauen dort nicht sicher. Meine Mutter hat mich angemalt mit Asche, mich alt gemacht, mit einem Kopftuch um. Es hat aber nichts genützt, nein, es hat nichts genützt. Die Russen haben mich rausgeholt.''

Das Kriegsende war Aufatmen und Angst zugleich. Aus Furcht vor der Roten Armee nahmen sich viele Berliner in den April- und Maiwochen das Leben. Die unmittelbare Bedrohung durch die Luftangriffe und Gefechte war zwar mit der Kapitulation endlich vorbei, aber nun begann vor allem für Frauen die Bedrohung durch die Sieger.

Der Schlacht um Berlin folgten Plünderungen und Vergewaltigungen. Für Frauen bestimmte die Angst vor Vergewaltigung die ersten Wochen des Friedens. Ihre berechtigte Furcht war noch verstärkt worden durch die nationalsozialistische Propaganda, die die „roten Horden aus dem Osten" als brutale Untermenschen beschrieben hatte. Junge Mädchen und Frauen waren aufgefordert worden, sich umzubringen, wenn es zur Niederlage käme.

Frauen und Mädchen versteckten sich unter Kohlenbergen und auf Dachböden oder machten sich alt und häßlich. Trotzdem war jede der Gefahr ausgesetzt, vergewaltigt zu werden, und man hatte Glück, wenn man davonkam.

Vergewaltigung war in jener Zeit für Frauen jedoch „nur" ein Problem unter vielen. Keine Wohnung zu haben, Hunger, Durst und Seuchengefahren waren ebenso furchtbar. Es gehörte deshalb zu den Überlebensstrategien der Frauen, Vergewaltigung möglichst undramatisiert hinzunehmen. Sie mußten damit genauso fertig werden wie mit anderen Problemen auch. Frau Dietrich, die damals elf Jahre alt war und bei ihrer Mutter, einer Hauswartsfrau, wohnte, erlebte den Einmarsch in Friedenau:

„*Wir waren in der Homburger Straße bei uns im Luftschutzkeller. Wir lebten dort mindestens schon fünf bis sechs Wochen ohne Licht, ohne Wasser. Wir hatten da unten Etagenbetten aus Holz, wo Stroh drauflag. Jemand, der es sich leisten konnte, holte sich dann eben seine Betten runter.*

Der alte Herr Heidendorf war der einzige Mann im Keller. Einmal ging er raus auf die Straße und sagte: ‚Leute, ich geh mal gucken, wie die Lage ist.' Geht raus, und da sieht er deutsche Soldaten vom Breitenbachplatz über den Rüdesheimer Platz zum Heidelberger Platz laufen. Die waren so richtig kaputt, mit Lumpen um die Beine. Alles war voller Sanitäter und Verwundeter. Die waren kaum mit ihrer Truppe verschwunden, kamen die Russen hinterher. Er hat es als alter Herr gar nicht so mitbekommen, rein optisch. Er hat's nur daran gemerkt, daß ihn jemand nach der Uhrzeit fragte, und anschließend war die Uhr weg. Da kam er voller Entsetzen rein: ‚Leute, Leute, die Russen sind da, meine Uhr ist weg!' Das war das erste. Der sagte nur ‚Uri, Uri', und eh er dies mitbekam und nachguckte, da war die Uhr weg. Er hatte seine Kapseluhr rausgeholt, so 'ne alte, wie man sie früher hatte, und eh er sich versah, war sie weg. Wir waren voller Entsetzen. Wir saßen im Luftschutzkeller und zitterten wahnsinnig, weil wir dachten, jetzt passiert was ganz Fürchterliches. Die Russen kamen dann auch. Wir hatten zwar unsere Türen alle schön dicht gemacht, aber die mach-

ten einen fürchterlichen Krach. Also, wir mußten aufma-
chen, dann inspizierten sie den Keller. Ich hatte zwei silber-
ne Armreifen mit hübschem Muster drauf, die hielt ich
krampfhaft in der Hand. Ich dachte, ‚eh der dir was tut,
gibste dem lieber die silbernen Reifen‘.

Ich war elf. Der eine sah mich da so verschüchtert sitzen,
und der konnte sogar etwas deutsch und strich mir über die
Haare und war irgendwie unwahrscheinlich freundlich. Der
hat sogar im Haus bei uns Kommißbrot verteilt, weil er
merkte, daß wir völlig ausgehungert waren. Und uns ist
eigentlich nicht viel passiert. Der wollte nur wissen, ob irgendwo deutsche Soldaten sind, ‚ja oder nein, alles gud, gud,
gud‘, weg waren sie wieder. Aber ein anderer Trupp, der im
Haus nebenan war, Rüdesheimer Platz 1, der hat sogar
Frauen vergewaltigt, die schon weit über sechzig waren.
Und da sind fünf oder sechs Russen über eine alte Frau
hergefallen, die bekam ’nen Schlaganfall und war von da an
mindestens noch zwanzig Jahre gelähmt. Die konnte nicht
mehr alleine ins Bett noch aus ’m Bett. Ich hab’ sie dann
noch oft besucht, ich fand das furchtbar. Wir konnten nicht
mehr heizen, die Heizkessel waren kaputt. Wir hatten aber
viel Koks. Und bei uns im Haus nebenan war ein mittelaltes
Ehepaar mit zwei Mädchen im Alter von 15, 16. Und da es
hieß, Russen vergewaltigen alle, hat meine Mutter unter
dem Koks so ’ne Art kleines Gestell aus einem Schneegitter
gebaut. Da sind die reingekrochen und haben sich auf Stühle
gesetzt und in Decken eingewickelt. Die waren ’ne ganze
Woche unter dem darübergeschippten Koks. Wir haben sie
gefüttert und ihnen etwas zu essen gebracht. Wenn die Russen weit und breit nicht zu sehen waren, sind sie schnell
rausgekommen und auf die Toilette gegangen. Auf diese Art
und Weise sind sie nicht vergewaltigt worden. Eine Zeit lang
war es ja ganz schlimm. Am Rüdesheimer Platz gab es eine
Art Biwaklager, da standen ihre Gulaschkanonen und ihre
Tiere. Da waren auch die Brunnen zum Wasserholen, und
wir mußten dort hin. Da haben sie sich die jungen Mädchen
und Frauen wahllos geschnappt. Das habe ich noch ganz
fürchterlich in Erinnerung, diese Brüllerei und Schreierei.

Abbildung 15: Soldaten der Roten Armee verteilen im Mai 1945 aus ihren Goulaschkanonen Essen an die Berliner.

Bloß, ich konnte mir das noch nicht erklären, mir hat das ja keiner erklärt, was sich da abgespielt hat. Ich habe das erst hinterher erfahren. Ich hab' mich auch gewundert, warum müssen die beiden da unter den Koks kriechen. ‚Ja, sei man ruhig, sag nichts.' Also, das war 'ne komische Zeit."

Besonders nach dem Einzug der Westalliierten am 4. Juli 1945 (vgl. Zeittafel und Schaubild 1) wurden die Grenzen zwischen Vergewaltigung und Prostitution fließend. Dies wird in vielen zeitgenössischen Berichten, Tagebüchern und Autobiographien deutlich, und auch unsere Interviewpartnerinnen bestätigten diesen Zusammenhang. Manchmal „bezahlten" die Sieger Vergewaltigungen mit Brot, Zigaretten, Corned Beef oder Schokolade. Für die Frauen war der Zwang zur Prostitution mit den Siegern groß, um an Essen und andere wichtige „Überlebensmittel" zu kommen. Daneben gab es auch Soldaten, die Frauen und Kindern freundlich gesonnen waren. Frau Marquardt, Jahrgang 1923, erzählt:

„Wir waren völlig zerrissen, zerlumpt und total abgemagert. Dann kamen diese Soldaten. Vor den Russen hatten wir solche Angst, vor den Amis, den Engländern und Franzosen weniger. Aber man wußte ja nie! Und dann lernt man diese ‚Feinde' besser kennen. Es waren schöne, wohlgenährte Männer. Natürlich haben die meisten Frauen nur an Zigaretten und Brot gedacht. Sollte man diese Frauen deswegen verachten? Wir wußten ja nie, warum eine das tat. Vielleicht wegen ihrer Kinder. Und der Tausch ist schon uralt: Bett gegen Brot. Die Soldaten waren auch einsam. So muß man das auch sehen. Die ersten menschlichen Kontakte mit den Alliierten sind über uns Frauen gelaufen."

Zu diesem Zeitpunkt lebten in Berlin nur noch 2,8 Millionen Menschen. Der überwiegende Teil davon waren Frauen (siehe Tab. 1).

Die Trümmer lagen meterhoch. Die Gas- und Strom- sowie die Wasserversorgung waren unterbrochen. Die Trümmer blockierten das Verkehrs- und Transportsystem. Straßen, Brücken und Eisenbahnlinien konnten nicht mehr benutzt werden. Krankenhäuser waren zerstört und die medizinische Versorgung weitgehend zusammengebrochen. Besonders in den Stadtteilen, in denen die Trinkwasserversorgung und Kanalisation nicht mehr funktionierten, drohte die Ausbreitung von Seuchen wie Typhus, Parathyphus oder Ruhr.

Von 1945 an war Berlin zu einem riesigen Durchgangslager für die Vertriebenen aus den ehemaligen Ostgebieten geworden. Millionen Vertriebene und entlassene Kriegsgefangene wurden bei den Behörden registriert. Radikale Zuzugssperren verhinderten, daß sie blieben. Aber die Flüchtlinge waren trotzdem eine zusätzliche Belastung bei der angespannten Versorgungslage. Es gab kaum noch etwas zu essen in der Stadt. Hunde oder Katzen wurden in den Kochtopf gesteckt und als „Dachhasen" serviert. Angeblich soll es damals in Berlin keine Katzen und Hunde mehr gegeben

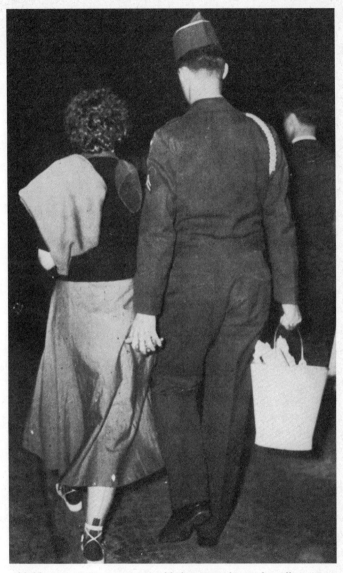

Abbildung 16: „Die ersten menschlichen Kontakte zu den Alliierten sind über uns Frauen gelaufen."

haben. Viele plünderten verlassene Geschäfte oder Vorrats-
keller, um überhaupt irgend etwas Eßbares zu bekommen.
Wer nicht verhungern wollte, mußte Überlebensstrategien
entwickeln.

Ein großer Teil der Bevölkerung war teilweise oder vollständig ausgebombt. 1939 hatte Groß-Berlin fast eine Vier-
telmillion Gebäude. Davon wurden über 30 Prozent total
zerstört, 25 Prozent der Häuser waren vorerst nicht mehr
bewohnbar. 1945 wurde der Verlust an Wohnraum auf insgesamt 55 Prozent geschätzt (siehe Schaubild 3 und 4). Obwohl in Berlin nicht mehr so viele Menschen lebten, gab es
zu wenig Wohnraum: 1943 standen 15,7 qm pro Einwohner
zur Verfügung. Im Vergleich dazu waren es im Herbst 1945
nur noch 9,8 qm pro Person, wobei die Flüchtlinge bei dieser Berechnung nicht einmal berücksichtigt wurden.

Viele hatten kein Dach mehr über dem Kopf, waren in
andere Wohnungen einquartiert worden oder hausten in
Kellern und Ruinen. Die Zerstörung der Wohnung bedeutete meist auch den Verlust des gesamten Hausrats. Je öfter
und schwerer man ausgebombt war, desto weniger hatte
man zum Tauschen und Verhamstern. Dazu kamen die
Plünderungen und Beschlagnahmung von Wohnungen, Ein-
richtungen und Autos wie auch die Sperrung der gesamten
Bankkonten durch die Sieger.

Die Wohnraumnot zwang viele, auf engsten Raum zu-
sammenzurücken und gemeinsam zu haushalten. Die Gemeinschaften, die überwiegend aus Frauen und Kindern be-
standen, mußten sich zusammentun, um zu überleben. Die
eine organisierte hier etwas, die andere ging zum Wasserholen an die Pumpe, was in der Regel mit stundenlangem Warten und Anstehen verbunden war.

Auch Frau Ostrowski, Jahrgang 1921, die 1945 mit ihrer
kleinen Tochter nach Berlin zurückkehrte, berichtet:

*„Und dann bin ich hier nach Berlin gekommen. Ich habe
bei meiner Schwester in Neukölln gewohnt. Sie hatte eine
Einzimmerwohnung, eine Einzimmer-Wohnung mit Außen-
toilette. In dem einen Bett schliefen meine Schwester und*

mein Schwager und in dem anderen Bett meine Tochter und ich. Und in der Küche stand noch ein Bett, und da schlief die Mutter von meinem Schwager. Ja, so haben wir gewohnt, aber wir waren froh, daß wir ein Dach überm Kopf hatten."

Frau Grunow, Jahrgang 1907, aus Zehlendorf, verwitwet und Mutter von drei Kindern, mußte ihre Wohnung den amerikanischen Besatzern überlassen:

„Unsere ganze Siedlung, das ganze Viertel, wurde eingezäunt am 18. Juli. Es wurde zum Quartier für Amerikaner. Und die haben nicht gefragt, wer bist du, was machst du, was hast du, sondern raus. In meiner Wohnung waren zwei Amerikaner einquartiert. Ich durfte nie wieder rein. Keiner durfte hinter den Zaun."

Viele Berliner mußten sich mit den notdürftigsten Unterkünften zufriedengeben. Sie versuchten mit primitivsten Mitteln, wenigstens einen Teil ihrer Wohnung oder auch nur ein Zimmer bewohnbar zu machen. Glasscheiben waren überhaupt nicht zu bekommen. Man war froh, wenn man Pappe bekam, die man vor die Fenster nageln konnte, oder in den Trümmern Baumaterial fand, um die Wohnung instandzusetzen.

Frau Döbler, Jahrgang 1910, aus Kreuzberg, die in der fast vollständig ausgebombten Wohnung mit drei Kindern wohnen mußte, erzählt:

„Es sah aus wie in einer Räuberhöhle. Die Tür war aus den Angeln gerissen, das Linoleum stand hoch. Das hintere Zimmer war nicht mehr vorhanden und der Korridor zur Hälfte weg. Fenster hatten wir auch keine drin."

Frau Weber, Jahrgang 1909, kam aus der Evakuierung zurück und stand mit ihren drei Kindern ebenfalls vor einer völlig zerstörten Wohnung:

„An der Wohnungstür war ein großes Schild dran: Diese Tür ist nicht zu bewegen. Vorsicht beim Betreten der Küche! Wir wohnten in der vierten Etage, da hing das Dach runter und zur Hälfte in die dritte Etage. Da konnte man über-

haupt nicht mehr rein. Im Wohnzimmer waren weder Fenster noch Türen drin, die Korridortür nur halb, Fensterkreuz in der Küche raus. Der Wasserstrang war in Ordnung. Er blubberte zwar ab und zu, als ob er irgendwo einen Knick hätte, dann gab es einen Knall, und wenn man dann zudrehte, kam eine Weile später wieder Wasser. Aber wie das Wasser aussah! Also, getrunken haben wir es nicht."

Die dringendsten Arbeiten waren bei Kriegsende die Beseitigung der Trümmer und des Schutts, die Wiederingangsetzung der Energie- und Wasserversorgung sowie die Wiederherstellung der nötigsten Infrastruktur. Dies wurde durch die Zerstörung der Fabriken und Betriebe sehr erschwert. Hinzu kam, daß nach der Kapitulation der größte verbleibende Teil der Industrieanlagen von den Besatzungsmächten demontiert wurde. Bis Ende Dezember 1945 wurden 141 Betriebe demontiert und abtransportiert. Rechnet man den Abbau von Industrieanlagen und die Kriegsschäden zusammen, ergibt sich ein Gesamtverlust der Berliner Industrie in den Westsektoren von 85 Prozent. Nur kleine Handwerksbetriebe waren von der Demontage verschont geblieben und versuchten mit einfachsten Mitteln, Reparatur- und Instandsetzungsarbeiten wieder in Gang zu bringen.

Die Arbeitskräfte, die für die Demontagen und auch zur Trümmerbeseitigung benötigt wurden, verpflichtete man durch Zwangsverordnung und willkürliche Razzien zum Einsatz. Außerdem kam es in Berlin zu Arbeitseinsätzen für politisch Belastete. Darüber hinaus mußten Frauen für ihre Männer oder Töchter für ihre Väter, die Parteiangehörige der NSDAP gewesen waren, Zwangsarbeiten verrichten.

Frau Schmidt, Jahrgang 1929, deren Vater ein kleiner Postbeamter und NSDAP-Mitglied gewesen war, mußte für ihn schippen gehen:

„Wir wurden offiziell aufgefordert: Alle Angehörige der Parteigenossen müssen sich melden. Und dann hieß es, alle Nazis – Naziweiber hieß es, ja – müssen die Barrikaden und Trümmer wegräumen. Ich war 16, was konnte ich dafür,

daß mein Vater in der Partei war. Ich war im Jungmädel-
bund. Wir wurden gleich von der Schule aus klassenweise
übernommen. Die kamen in die Schule, und dann hieß es:
‚Heute nachmittag müßt ihr alle kommen.' Und so wurden
wir klassenweise in den BDM übernommen.

Und dann sollten wir Töchter für die Väter schippen, die
in der Partei gewesen waren. Meine Mutter war schon älter
als 50, sie mußte nicht, aber wir wurden dann eingesetzt.
Wir hatten zum Teil Aufsicht von ehemaligen KZ-Insassen.
Also, ich weiß noch, die hatten noch ihre Sträflingsanzüge
an zum Teil. Die Amis fuhren rum mit ihren Autos und
fotografierten uns. Ich war in Neukölln eingesetzt, bei der
Straßenreinigung. Da gab es so große schwere Loren auf
Schienen, die mußten wir ziehen und schieben. An jeder
Seite ein paar Frauen, volladen mit Schippen und dann im-
mer rauf. Das mußten wir ein Vierteljahr lang machen. Es
war schon recht hart, weil es doch ein ziemlich heißer Som-
mer war. Und ich war ja auch so deprimiert. Erst mal die
Sorge, was ist mit dem Vater, den hatten sie noch zum
Volkssturm geholt, und er war nicht wiedergekommen.
Dann habe ich beide Brüder verloren, und die Mutter war
krank. Man sah überhaupt keinen Lichtblick, es war alles so
trist. Und wir kriegten ja auch nichts dafür bezahlt, für das
Schippen, gar nichts."

Ab Mitte August wurden die Verordnungen zur Zwangsarbeit für Familienmitglieder von ehemaligen Parteimitglie-
dern gelockert, so daß Frauen von der Zwangsarbeit ent-
bunden wurden, die selbst nicht in der Partei gewesen waren, aber für ihre Männer oder Väter Zwangsarbeit leisten
mußten. Insgesamt wurde die Entnazifizierung in Berlin besonders streng gehandhabt, da sich die vier alliierten Besatzungsmächte gegenseitig kontrollierten.

5.

Erna und Frieda Eschenburg,
Jahrgang 1910 und 1906,
ihre Lebensgeschichte

Erna Eschenburg, Jahrgang 1910, und ihre vier Jahre ältere Schwester Frieda sind „waschechte" Berlinerinnen. Sie erinnern sich noch heute gerne an ihre Kindheit, die wohlbehütet und in gesicherten Verhältnissen verlief. Ihr Vater, von Beruf Architekt, war selten zu Hause, während die Mutter für beide Töchter und den Haushalt sorgte und die aufwendige 4-Zimmer-Wohnung im Berliner Westen in Ordnung hielt. Nach der Schule lernte Erna im Büro einer großen Seifenfabrik Bürokauffrau. Frieda begann eine Lehre als Putzmacherin bei einer Tante.

Die Jugend der beiden verlief jenseits der „großen" Politik. Die Arbeitslosigkeit Ende der 20er Jahre und der aufkommende Nationalsozialismus tauchen in ihren Erinnerungen nur als unheilvoller Hintergrund für die „glücklichen Jahre ihrer Jugend" auf.

Erst das Jahr 1941 markiert einen wichtigen Einschnitt: Der Vater wurde eingezogen, und wenige Wochen später erfuhr die Familie, daß er „fürs Vaterland gefallen" war. Nun waren Erna und Frieda alleine mit der Mutter, für die sie sich nun sehr verantwortlich fühlten. Als im Dezember 1943 Flächenbombardements Wilmersdorf fast völlig zerstörten, wurde auch ihre Wohnung getroffen. Die Schwestern sahen Einrichtung, Aussteuer, Hausrat, Schallplattensammlung und Bücher in Flammen aufgehen. Kurzfristig kamen die beiden Schwestern mit ihrer Mutter bei einer Freundin in der Schaperstraße unter. Als 1943/44 die Bombenangriffe nicht mehr abrissen, verließ die Mutter Berlin und zog zu ihrer Schwester nach Süddeutschland. Erna

Abbildung 17: Klassenphoto 1928

Eschenburg wurde kurz darauf mit ihrem Betrieb, in dem sie seit 1929 als kaufmännische Angestellte arbeitete, in den Sudetengau verlagert. Frieda Eschenburg folgte der Schwester, als auch ihr Verlobter eingezogen wurde. Es war nicht leicht für die beiden, im Sudetengau über die Runden zu kommen, und es wurde noch schwieriger, als Frieda dort Ende 1943 ihren Sohn Hans zur Welt brachte. Erna Eschenburg übernahm die „Ernährerrolle" für Schwester und Säugling. „Einer mußte ja schließlich ranschaffen. Was sollten wir denn machen?" kommentiert sie heute. Ihr Organisationstalent half, für das Nötigste zu sorgen, Essen für die beiden, Milch für den Säugling und Babykleider über die knappen Zuteilungsrationen hinaus zu „organisieren". Auch ihre Kolleginnen kümmerten sich um die junge Mutter. „Irgendwie mußte man ja zusammenhalten."

Selbst in der Evakuierung entkamen die Schwestern nicht dem Bombenkrieg. 1945, kurz vor Kriegsende, wurde ihr Haus von einer Luftmine getroffen. Die Schwestern und der kleine Hans überlebten den Angriff unversehrt. Sie standen jedoch zum zweiten Mal vor dem Nichts.

„Und da war uns plötzlich klar, daß wir fort mußten. Wir wollten umgehend nach Hause. Der Russe stand ja buchstäblich schon vor der Tür, und die Tschechen im Sudetengau waren ja auch gegen die Deutschen. Also sind wir da eigentlich nur der Nase nach aufgebrochen: ‚Das ist Richtung Heimat, also müssen wir uns da durchschlagen.' Wir hatten so 'ne kleine Karre, da thronte der Hans drauf. Und in der Karre hatten wir unser letztes bißchen Hab und Gut. Zum Beispiel hatten wir von der letzten Zuteilung noch Camelia-Binden. Und da wir doch nun ein Kleinkind hatten und keine Windeln, war ja so eine Camelia-Binde Gold wert. Die haben wir alle aneinandergeknüpft und in einen Sack gesteckt, das war unser Wandergepäck. Da hinein hatten wir auch unsere letzten guten Bücher gestopft, weil wir daran so hingen, ‚Vom Winde verweht' und so. Diese Bücher haben wir unterwegs eingetauscht in Maggisuppen. Und mit diesen paar Maggisuppen und geklauten Kartoffeln

haben wir uns durchgeschlagen bis nach Berlin. Außerdem hatten wir nur noch das, was wir am Leib hatten, leichtes Gepäck. Die Karre mußten wir auch bald zurücklassen, die hat uns nur behindert.

Nachher war der Hans in so 'nem kleinen Rucksack, das war zum Marschieren praktisch. Und überall, wo ein Bahnhof war, sind wir hin, um zu sehen, ob vielleicht ein Zug ging. Da hat man Stunden gewartet oder Tage gewartet, bis ein Zug kam. Dann sind wir auf die offene Loren geklettert und wieder ein Stück gefahren. Und wenn es nicht mehr weiterging, hockte man wieder auf irgendeinem Bahnhof und hat auf den nächsten Zug gewartet. Uns haben immer wieder Leute weitergeholfen, sonst hätten wir es nie bis Berlin geschafft mit dem schreienden Säugling. Und da haben wir festgestellt, daß die einfachsten Menschen, die kleinsten Leute, uns am meisten weitergeholfen haben. Wie oft haben wir irgendwo geklingelt und gefragt, ob wir über Nacht in der Küche sitzen dürfen. Da waren es meist nur die, die einfach und beschränkt gelebt haben und selber nichts hatten, die uns weiterhalfen. Die sind oft im ganzen Haus zusammengerannt und haben etwas Milch geholt, damit das Kind etwas Milch gekriegt hat. Das war uns eine Lehre, auch später, hier in Berlin. So klein die Leute, so groß das Herz. In Berlin sind wir am Görlitzer Bahnhof angekommen, das werd' ich nie vergessen. Es war an einem Sonntag, am 28. Mai. Am 2. Mai war ja in Berlin der Krieg vorbei. Wir kamen da völlig zerlumpt und verdreckt an, nur glücklich, daß wir endlich zu Hause waren. Und da haben wir gestaunt, da waren ja bereits wieder viele Leute, die schon wieder obenauf waren und gut gekleidet herumspazierten. Und dann haben die immer mitleidig gesagt: ,Ach, der arme Kleine, ach, der arme Kleine', wenn der so über die Schulter geguckt hat, so verhungert. Das konnte ich nicht hören, denn man war mit den Nerven runter, und dann habe ich immer gesagt: ,Na, tragen Sie ihn doch 'n Stück.'"

Erna und Frieda Eschenburg liefen quer durch Berlin — vom Görlitzer Bahnhof bis zu ihrer letzten Unterkunft bei der Tante in der Schaperstraße. Sie waren entsetzt über die Trümmerlandschaft. So hatten sie sich ihre Ankunft „in der Heimat" nicht vorgestellt. Auch die Wohnung in der Schaperstraße war ausgebombt. Nun konnten sie nur noch hoffen, daß die Großeltern im Wedding noch lebten. Wieder machten sich die Schwestern auf den Weg durch die Trümmer. „Also, laufen haben wir damals alle gelernt", meint Erna Eschenburg heute. Zum Glück trafen sie die Großmutter in ihrer alten Wohnung an. Von ihr erfuhren sie, daß Friedas Verlobter gefallen war. Auch der Großvater war – noch am 2. Mai, beim letzten großen Luftangriff auf Berlin – durch einen Querschläger getötet worden.

„Und in dieser 2-1/2 Zimmer-Wohnung haben wir dann gewohnt, unsere Großmutter, wir beide und der kleine Hans. Meine Mutter war ja noch im Schwarzwald bei ihrer Schwester. Die hab' ich dann auch sofort mit auf die Wohnung eintragen lassen. Da waren wir dann fünf Personen, trotzdem sie noch gar nicht da war. Deshalb hat dann unsere Großmutter keine Einquartierung bekommen.Meine Mutter kam zu uns, sobald sie durchkam. Und dann begann eben sozusagen der ganze Kampf ums Überleben. Unser Hauptproblem war, Lebensmittel für uns und den Säugling heranzuschaffen. Da mußten wir vier eben je nach Kräften und Talenten entsprechend zusammen helfen. Wir vier Erwachsenen hatten Marken Stufe V für Hausfrauen, ‚Himmelfahrtskarte' hieß das damals. Nur Hans hatte Stufe II. Von den Marken allein konnten wir ja fast nicht auskommen.

Das Brot, das man auf die Marken bekommen hat, das war immer so blaß, daß man es auf die Ofenplatte gelegt hat zum Rösten. Und dann haben sie sich auf das Brot ein bißchen Salz gestreut, denn die paar Gramm Butter, die für den Tag gedacht waren, die waren ja mit einer halben Scheibe erledigt.

Wenn man mal ein bißchen Grieß hatte, um einen Brei oder eine Suppe zu kochen, war man schon glücklich. Ich erinnere mich noch genau, wie meine Mutter dann immer

Abbildung 18: „Die Alliierten hatten soviel, daß sie sogar Lebensmittel weggeschmissen haben. Und wenn sie dann ihren Müll abluden, sind wir hingegangen und haben versucht in den Abfällen etwas Eßbares zu finden. Was sollten wir denn sonst machen, wir hatten nicht genug zu essen."

ihr Kochbuch rausgezogen und darin geblättert hat. Und dann hat sie gesagt: ‚Guck mal, heute gibt's glaciertes Kaßler.' Und dabei hat sie uns die Abbildung gezeigt. Da haben wir dann unseren Grieß gelöffelt und an glaciertes Kaßler gedacht.

Das war das Schlimmste, daß es nie genug zu essen gab. Meine Mutter wünschte sich immer, daß es mal wieder Brötchen gäbe. Und dann wollte sie Schinken drauf haben, der an den Seiten runterhängt. Ein Brötchen mit Bordürenschinken, das schwebte ihr immer so vor. Aber wir haben meist nur dünne Wassersuppen gegessen. Ständig mußte man versuchen, aus nichts etwas zu machen. Und dann haben wir falsches Gänseschmalz gemacht, damit wir ein bißchen Abwechslung hatten. Also, das war aus Grieß, Majoran, ein bißchen Wasser und ein bißchen Fett. Die Leute, die einen Garten hatten, die waren besser dran. Wir haben damals immer gesagt ,ein Königreich für einen Schrebergarten'. Und weil wir keinen hatten, sind die Mutter und die Großmutter immer losgezogen und haben Pilze und Beeren gesammelt und Tee und Kräuter gesucht, damit wir durchkamen mit dem schreienden Kleinkind. Die Mutter hat Brennesseln gesammelt, und davon hat der Hans dann Spinat bekommen. Also, wie die Kinder damals groß geworden sind, doch nur mit solchen Hilfsmitteln. Am Sonntag gab es manchmal Schokoladentorte aus Malzkaffeegrund, das war dann ein richtiges Fest.

Und mich wollten die Mutter und die Großmutter dann immer hamstern schicken. Meine Schwester konnte das ja nicht, die hatte ja den kleinen Hans am Bein. Ich bin öfter losgezogen mit dem Zug nach Schulzendorf. Und da hab' ich bei den Bauern saubergemacht und das Geschirr von acht Tagen abgewaschen und hab' dafür ein bißchen Obst gekriegt oder Kartoffeln. Daran erinnere ich mich noch genau und auch daran, daß man immer auf dem Trittbrett fahren mußte. Und da stand man, den Rucksack zwischen den Beinen, denn auf dem Rücken konnte man ihn ja nicht haben. Ich habe mehrmals erlebt, daß Leute im Graben lagen, die Ihnen, wenn Sie nicht sehr geschickt standen, den Rucksack zwischen den Füßen weggezogen haben. So fuhr man dann Stunden um Stunden, je nachdem, wo man hergekommen ist. Und man mußte ja weit fahren, oft bis hinter Nauen, denn direkt um Berlin haben Sie zumeist gar nichts mehr bekommen, so überlaufen waren die Bauern da. Aber was sollte man denn machen, man war ja aufs Hamstern angewiesen. Und einer mußte ranschaffen, einer mußte hier für uns anschaffen, das ging nicht anders."

Bei Kriegsende waren die Existenzbedingungen dieser Familie schlecht: Großvater, Vater und Verlobter, die drei

Männer der Familie, waren tot, die Wohnung war eng und beschädigt, und die Frauen bekamen nur Lebensmittelrationen der Stufe V. Hinzu kam, daß Erna und Frieda Eschenburg ihre gesamte Habe verloren hatten, nicht nur Hausrat

Abbildung 19: „Das Zugfahren war sehr gefährlich, weil man zumeist auf dem Trittbrett stehen mußte. Und dann hatte man den Rucksack zwischen den Beinen. Da hab’ ich mehrmals erlebt, daß Leute im Graben lagen und Ihnen, wenn Sie nicht sehr geschickt standen, den Rucksack zwischen den Beinen wegzogen.“

und Möbel, sondern auch ihre gesamte Kleidung, Wäsche und Schuhe.

„*Unsere gute Garderobe war durch die doppelte Ausbombung futsch. Und es gab ja auch nichts zu kaufen. Sie konnten Geld haben wie sonst noch was, es gab doch keine Textilien, es gab nichts. Da wurden die Schlafdecken eingefärbt. Mein Sonntagsmantel war eine schwarz gefärbte Pferdedecke. Ja, dieser Mantel war damals ein Vermögen wert. Und meine Schwester, die war sehr elegant, die erschien immer in Sachen meines Großvaters. Sie hat seine Hosen und sein Jackett angehabt, man hatte ja sonst nichts. Die Garderobe von dem kleinen Hans war ein Dauerproblem: Ständig wurden alte Sachen, was man noch so hatte, aufgeriffelt, zwei-, dreimal gestrickt.*

Ich glaube, es war Anfang der 50er Jahre, als wir uns das erste Mal fertige Sachen kaufen konnten. Ich besaß ein paar Schuhe, und als es dann Herbst wurde, hatte ich mir ein Loch in die Sohle gelaufen. Da kam dann jeden Morgen eine gefaltete Zeitung rein, und das den ganzen Winter über. Aber da war ich ja noch gut dran. Wie viele Kinder konnten damals gar nicht in die Schule gehen, weil sie keine Schuhe hatten. Und weil wir gar nichts zum Anziehen hatten, haben wir unserer Großmutter einen karierten Bettbezug abgeschwatzt. Meine Schwester hat uns daraus zwei Kleider genäht. Da lief ich rum wie eine blaukarierte Persilreklame.

Ein ganz anderes Problem war für uns die Wohnung. Als es auf den Winter zuging, mußten wir versuchen, sie winterfest zu machen. Gott sei Dank war die Wohnung wenigstens heil geblieben, wenn man von den kleineren Schäden mal absieht, die ja jeder hatte. Wir hatten natürlich Glasschaden wie alle anderen auch. Und Glasscheiben waren ja nicht zu bekommen, da haben wir einen Teil der Fenster erst einmal kurzerhand zugenagelt. Schwierig war auch das Heizen. Wir hatten zwar damals schon Zentralheizung, das war ja zu der Zeit noch eine Seltenheit, aber die ging natürlich nicht mehr. Da mußten wir uns kleine Öfen organisieren und in die Küche einen Herd. Das war so ein hohes Ding, alles not-

dürftig gemacht, ein Backstein hoch auf so dünnen hohen Beinchen. Es gab auch kein Gas in der ersten Zeit, deshalb brauchten wir diesen Herd mit einem Rohr zum Fenster raus. Es spielte sich alles in der Küche ab, weil man nur diesen einen Raum richtig heizen konnte. Und dann hieß es, wir dürften einen Stubben (Baumstumpf, d. V.) roden; das war eine Sondervergünstigung für Mütter von Kleinkindern.

Wir sind losgezogen, Mutter, Schwester und ich. Na, hier nebenan lebte der Opa Pohl, der war damals 82 Jahre und der einzige Mann im ganzen Haus. Er konnte uns mit Rat zur Seite stehen, aber nicht mit Tat. Ich bin bestimmt ein lebensfroher Mensch, aber der Stubben hat mich viele Tränen gekostet und viele unanständige Worte. Wir haben zu dritt den Stubben ausgegraben und kleingemacht. Also wirklich, man kann hundert Jahre alt werden, das vergißt man nicht, weil es effektiv keine Frauenarbeit ist. Es gab vieles, was keine Frauenarbeit war damals, aber Stubbenroden, nein. Und dann hatten wir ihn nach Stunden, nach Tagen klein. Und dann saßen meine Mutter, meine Großmutter in der Küche, und meine Schwester und ich haben den Ofen damit gefüttert. Und wir haben uns nicht mehr gesehen, so verraucht war die Küche, denn der Stubben war ja noch naß. Aber man hätte ja gar nicht warten können, bis der Stubben trocken war.

In diese Öfen mußte man ungeheuer viel Brennmaterial reinstecken, damit man überhaupt einen Effekt gespürt hat. Da hätte man auch einen Zentner Briketts reinstecken können, da wär die Küche gerade warm gewesen. Und Briketts hat man eben auch nicht gekriegt, höchstens durch Schieben. Schieb hin, schieb her, war damals die Devise. Wenn einer Verbindungen hatte, dann war das was. Na, und da hab' ich mich auf meine Verbindungen zu Seifenmitteln besonnen. Ich war ja vor dem Krieg in dieser Seifenfabrik. Und Seifenmittel waren damals eine besonders gefragte Sache. Da hab' ich verschiedene krumme Geschäfte gemacht mit 'nem Kohlenfritze. Der hat von mir Seifenmittel gekriegt, und wir haben von ihm Briketts gekriegt. Geld war uninteressant. Für Geld hat man zu der Zeit ja eh' nichts gekriegt.

Es wurde in Berlin damals mehr geschoben, als es öffent-
lich zu kaufen gab, mit Süßstoff, Seife oder Zigaretten.
Wenn man zum Beispiel Süßstoff hatte, konnte man wieder

Abbildung 20: „Nach dem Krieg wurde in Berlin mehr geschoben,
als es öffentlich zu kaufen gab. Fast jeder hat versucht seine Habseligkeiten gegen Nahrungsmittel einzutauschen. Manchmal war das ganz
schön gefährlich und man mußte aufpassen, daß man nicht in eine
Razzia geraten ist."

einen anderen Artikel kriegen. Und wenn Sie etwas zum Tauschen hatten, das sprach sich herum wie ein Lauffeuer, da hatten Sie ganz schnell einen Bekanntenkreis. Da kam dann wieder eine dazu, die hatte einen anderen Artikel. Die hat dann gesagt: ,Was kriegen Sie denn manchmal? Ich krieg' manchmal das und das.' Also, ich war immer wieder froh, wenn ich diese Geschäfte abgewickelt hatte und ich meine Sachen wieder los war. Aber weil ich doch gute Verbindungen zu Seifenartikeln hatte, hat man sich seine Kohlen und seine Lebensmittel eben so organisiert."

Während Erna Eschenburg versuchte, durch Schwarzmarktgeschäfte ihre Familie zu versorgen, suchte Frieda Eschenburg verzweifelt eine Stelle. Der kleine Hans blieb bei Großmutter und Urgroßmutter. Mit viel Glück bekam Frieda Eschenburg eine Stelle als Putzfrau bei der französischen Besatzungsmacht. Dies erwies sich für die vier Frauen in zweifacher Hinsicht als entscheidende Verbesserung ihrer Situation: Zum einen bekam Frieda Eschenburg ab und zu Milch und Gemüse für den kleinen Hans, zum anderen ergaben sich Kontakte, die die weitere Zukunft des Frauenhaushalts bestimmen sollten.

„Und dann hat sich durch meine Schwester eine Verbindung zu den Franzosen ergeben. Da haben mich die französischen Soldaten gebeten, alte Militärsachen zu ändern. In der Not macht man ja alles, und ein bißchen Geschick in dieser Richtung hatte ich schon.

Und dann kamen Soldaten, die hatten keine Hausschuhe. Also, die hatten nur die Stiefel, die sie an den Füßen hatten. Einer hatte so Filz gebracht, der normalerweise unter Teppichen liegt, damit die nicht so rutschen, und hat gesagt, ob ich nicht Pantoffeln machen würde. Und da kam die Idee auf, Schuhe zu machen. Das war so ein Funke, den habe ich dann sehr ausgebaut. Es gab einen netten Schuhmacher, zu dem bin ich gegangen, das war ein Meister, ein uralter Mann, und habe mir das Schuhmacherhandwerk dort angesehen, und über eine gewisse Zeit habe ich mit ihm zusammengearbeitet.

Dann bin ich auf die Suche nach Leisten gegangen. Leisten sind solche Teile, so Holzformen, über die man das Leder oder den Stoff spannt, damit die Schuhe die richtige Form kriegen. Ich habe auch eine Möglichkeit gefunden – durch meine vielen Kontakte –, Seife gegen Leisten einzutauschen.

Und wenn man sich dafür interessiert, dann kommt ja eins zum anderen. In einer anderen Situation hatte ich einen Mann kennengelernt, der wieder für die Russen Filze machte, und zwar nennt man das Steinfilze, die sind ungefähr so zweieinhalb Zentimeter stark, ganz dick, also wirklich ganz fest gepreßt. Das sind Filze, die die Russen in den sibirischen Gegenden für ihre Schuhe benutzen. Da sind Ledersohlen nichts, da müssen diese Steinfilze her. Und da gab es dann zu kunkeln und zu schunkeln, und da habe ich dann diese Filze gekriegt. Und dann noch was ganz Tolles: mein Onkel war in Züllichau in einer Filzfabrik, und die mußten für die Russen so Filztuche machen, ganz feine Filztuche für die Epauletten, in verschiedenen Farben, hellblau für die Flieger usw., so daß ich eine bestimmte Auswahl an bunten Filzen hatte. Und dann habe ich eben Modelle gemacht, und zwar nicht nur Hausschuhe, sondern auch so keilartig und so weiter.

Als meine Schwester dann bei den Franzosen aufhören mußte, war das ein ganz schöner Schlag für uns, sie ist dann bei mir eingestiegen. Die Mutter bald darauf auch, so viel hatten wir zu tun. Und dann haben wir Material von den Kunden angenommen, zum Beispiel 'ne Decke oder Mäntel und so weiter, aus dem haben wir dann eine Art Oberleder geschnitten, den Stoff zwei- oder dreifach genommen, wenn er zu dünn war, gesteppt und mit diesen bunten Filzen irgendwie verziert. Da habe ich in der Nachbarschaft mir noch eine Werkstatt organisieren können. Und das war eine wirklich tolle Sache, die ganze Familie hat zusammengeholfen. Ich habe dann Maß genommen für die Schuhe. Wir haben richtig fachmännisch Schuhe gemacht und die Sohlen durchgenäht und auch die Kappen versteift. Ja, ich habe auch einen Mann beschäftigt, der konnte sehr gut schnitzen.

Dann haben wir aus dem Wald Holz gekauft, und zwar so ganz leichtes Pappelholz, und haben daraus Keilsohlen gemacht. Die mußten eine bestimmte Biegung haben und auf die Schuhe genau passen, damit man den Filz richtig aufarbeiten konnte. Und der hat so wunderbar geschnitzt. Ich habe noch einen Schuh in solcher Keilform behalten. Heute noch sagen mir die Leute: ‚Wissen Sie noch, wir sind damit tanzen gegangen und so.' Ich freu' mich immer, wenn ich welche finde aus meiner Generation, die sich daran erinnern. Aber insgesamt war das Schuheanfertigen eine Sisyphusarbeit. Meine Schwester, Mutter, Großmutter und ich waren den ganzen Tag damit beschäftigt. Meine Schwester und meine Mutter haben die handwerklichen Sachen gemacht, und ich hab' das Material besorgt und den Verkauf organisiert. Das lag mir mehr. Und meine Großmutter hat den Hans gehütet und sich zum Einkaufen angestellt. An andere Geschäfte oder an Hamstern war da nicht mehr zu denken. Aber das brauchten wir ja auch nicht mehr.

Und dann haben wir das Produzieren auch noch erweitert mit Stricken. Wir haben aus aufgetrennten Sachen eben Neues gestrickt. Und dann haben wir Wolle geteilt, das kann man sich heute gar nicht vorstellen. Also, Wolle, dicke Wolle besteht ja aus mehreren Fäden, vier, drei und so weiter, und wenn sie nicht gereicht hat, haben wir die Wolle geteilt. Das haben wir so gemacht, das Knäuel gedreht und immer mit einer Stecknadel den Faden festgesteckt, und das Knäuel rotierte dann so, bis der Drall sich gelöst hat, dann haben zwei gewickelt. Und auch das hat sich sehr ausgeweitet, so daß wir dann viele Heimarbeiterinnen beschäftigen mußten, die die Muster gestrickt haben. Zumeist waren es Frauen aus der Nachbarschaft, die ja auch nichts mehr hatten.

Zu dieser Zeit, es muß wohl so Anfang der 50er Jahre gewesen sein, haben wir dann ein eigenes Geschäft aufgemacht. Wir haben Stricksachen und anfangs auch noch Schuhe verkauft. Aber bald haben wir dann Waren dazugenommen und auch Wolle, Kurzwaren und Strickkleider verkauft. Mit Schuhen war dann gar nichts mehr zu machen, weil die Industrie schon wieder Schuhe hergestellt hat. Und gegen diese Konkurrenz konnten wir Kleinen nichts ausrichten. Aber wir haben eben dann Textilien und Kurzwaren verkauft.“

Frieda und Erna Eschenburg hatten es mit viel Mühe und ebensoviel Geschick geschafft, ihre Familie über die ersten schweren Nachkriegsjahre zu bringen. Nur durch die Verteilung der unterschiedlichen Arbeiten auf vier Frauen war dies möglich. Erna Eschenburg übernahm hauptsächlich das „Heranschaffen“ der Lebensmittel und nutzte ihre früheren Arbeitskontakte in einer Seifenfabrik für Schwarzmarktgeschäfte. Frieda Eschenburg konnte durch ihre Arbeit bei den Alliierten zum Aufbau eines Geschäftes beitragen, das den Frauen nach und nach ein gutes Auskommen ermöglichte. Heute noch wundern sich die Schwestern, woher sie die Kraft und das Durchhaltevermögen nahmen.

„Wir mußten einfach durchhalten, man konnte es sich ja nicht aussuchen. Wenn wir nicht gewesen wären, was hätte denn dann unsere Großmutter gemacht? Sie hatte ja auch keine Einnahmen. Und ihre Ersparnisse hat sie bei der Währungsreform alle verloren.

Schön, es war nicht immer einfach mit so einer alten Großmutter. Nein, bestimmt nicht. Ich meine, die kam ja aus einer ganz anderen Welt. Also hatten wir schon mal zwei Personen durchzubringen, die Großmutter und den kleinen Hans. Und unsere Mutter war ja auch nicht mehr so jung. Also, ich glaube, auch diese Verpflichtungen haben einem die Kraft und den Auftrieb gegeben. Aber vielleicht lag es auch daran, daß wir Frauen ja doch irgendwie eine intakte Familie waren.“

Anders als für viele alleinstehende Frauen, die von der knappen Witwenrente leben mußten, waren die 50er Jahre für die Eschenburgs eine gute Zeit. Der Laden brachte ihnen Einkünfte: „Wir haben versucht, einen Stein auf den anderen zu setzen, und schrittchenweise ging es vorwärts.“ Gegen Ende der 50er Jahre wurden größere Anschaffungen möglich.

„So ab 1957/58 ging es uns dann auch ganz gut, da hatten wir mit dem Laden wieder ein ganz gutes Auskommen. Da waren wir auch nur noch zu viert. Unsere Großmutter war 1950 gestorben.

Dann haben wir angefangen, die Wohnung neu einzurichten. Denn wie wir hier eingezogen sind, '45, war die Wohnung in einem uralten Stil eingerichtet. Überlegen Sie mal, meine Großeltern hatten ihre Wohnung damals schon fünfzig Jahre. Und die haben wir dann in den ersten schlechten Jahren Stück für Stück verheizt. Zuallererst ist uns damals der Schaukelstuhl zum Opfer gefallen, weil er aus schönem trockenem Holz war. Und wer hat denn damals gedacht, daß so 'n Schaukelstuhl wieder modern wird.

Und so allmählich haben wir das ganze Mobiliar abserviert. Es war ja so, in den ersten Jahren hatten Sie gar keine Einstellung zu Hab und Gut. Sie wollten überleben, und Sie wollten essen. Aber ob Sie nun hübsch eingerichtet sind oder gar nicht, das spielte überhaupt keine Rolle. Und wir, die wir ja sowieso alles verloren hatten, ich hab' immer gesagt: ,Ich richte mich überhaupt nicht mehr ein. Ich kauf' mir nur Sachen, die ich mit mir rumschlepppen kann.' Na ja, das gibt sich mit der Zeit, aber im ersten Moment, wenn Sie so vor dem Nichts stehen, dann sagen Sie: ,Also, nie wieder möchte ich etwas haben, dann kann ich auch nichts verlieren.' Aber so allmählich, ab Mitte der 50er, haben wir dann angefangen, uns neu einzurichten. Da hatten wir mit dem Laden ja wieder ein geregeltes Einkommen. Und wenn Sie überlebt haben, dann kommt die Freude auch wieder an allem.“

Erna Eschenburg führte den Laden zusammen mit ihrer Schwester bis weit in die 70er Jahre. Sie waren zwar sehr abhängig von dem Geschäft und konnten fast nie Urlaub machen, aber solange die Mutter lebte, den Haushalt führte und den Sohn versorgte, konnten sie mit diesen so verteilten Rollen und den verteilten Arbeiten gut zurechtkommen.

„Ende der 70er Jahre haben wir dann unser Geschäft verkauft. Es hatte sich eine junge Frau schon ein Jahr davor

bemüht. Ich hatte gar keinen Gedanken daran, weil mir der Laden eigentlich Spaß gemacht hat, das war keine Last. Man kommt in solchen Läden ins Gespräch, und das hat mir Freude gemacht. Ich habe Kontakt zu den Menschen gehabt, und es war eben unsere eigene Sache. Und wir haben beide nicht so den richtigen Geschäftsdrall. Ich habe, ehrlich gesagt, Menschen gern. Wie andere meinetwegen tierlieb sind, bin ich grundsätzlich auf Menschen eingestellt. Ich kann auch nicht ausschließlich meinen Vorteil suchen. Meine Schwester ist da genau so, und das war natürlich ein bißchen nachteilig fürs Geschäft. Und dann habe ich mir gesagt, daß es bei mir mal ganz schnell gehen kann, das haben wir ja bei meiner Mutter gesehen. Und da hab' ich gedacht, na, es wäre auch ganz schön, wenn du nur noch machen könntest, was dir Spaß macht, was nicht zwangsläufig von dir verlangt wird. Und weil meine Schwester auch dafür war, habe ich dann das Angebot dieser jungen Frau angenommen, denn sie hatte das Geld damals gerade zur Verfügung. Und da unsere Mutter dann auch gestorben war, wurde es doch sehr viel Arbeit für uns beide, weil wir jetzt noch den Haushalt hatten. Der Junge war zwar längst aus dem Haus, aber trotzdem . . .“

Von dem Erlös des Geschäftsverkaufs können die Schwestern Eschenburg ihren Lebensabend sichern. Sie wohnen weiterhin in der alten 3-Zimmer-Wohnung. Langweilig ist es ihnen auch ohne Geschäftstreiben nicht. Über ihre heutige Situation meint Erna Eschenburg:

„Wir haben ja auch einen sehr beträchtlichen Freundeskreis. Da beneiden uns viele darum. Das ist ja auch gar nicht so einfach. Denn heute, in unserer Altersgruppe sind ja fast alle Witwen. Und ein Ehepaar lädt alleinstehende Damen wie uns sowieso nicht ein, höchstens einmal, und dann sagt meist die Frau: ,Du, Egon, laß mal, die ist zu modern' oder so was. Sie werden ja nie bei verheirateten Leuten eingeladen, auch nicht zusammen. Also, Anerkennung als alleinstehende Menschen finden Sie bei Ehepaaren nicht. Die Frau kann noch so jung sein, und man hat ja gar nicht die Ab-

sicht, denen die Männer wegzuschnappen, aber die haben eine panische Angst um ihren Mann. Und so ist unser Bekanntenkreis fast nur aus Frauen zusammengesetzt, und wir haben viel Spaß zusammen. Wir haben da letztes Jahr ein Silvester gefeiert, da waren wir alles Frauen. Und es war ein Riesenspaß, als die Sophie die „tolle Lola" gemacht hat. Oft ist es lustiger, als wenn Männer dabei wären. Und wenn nun dann wirklich mal ein Bekannter dabei ist, na, der sucht dann auch meist schnell das Weite.

Na ja, wenn ich so zurückdenke, an und für sich bin ich mit dem Leben nicht unzufrieden, obwohl es mir sehr viel abgefordert hat, aber ich bin auch mit dem Ergebnis zufrieden, auch wenn man beim Rekapitulieren merkt, daß nicht alles so glatt gelaufen ist."

6.

„Da gab's nur Trümmerstaub und Trockenmilch".
Überlebensarbeit in Berlin 1945 bis 1949

Für Erna und Frieda Eschenburg waren die ersten Jahre nach dem Krieg – wie für viele andere auch – eine harte Zeit. Mit Großmutter und Mutter versuchten die Schwestern die zerstörte Wohnung herzurichten, Heizmaterial heranzuschaffen, Kleidung zu organisieren und vor allem für die lebenswichtigen Nahrungsmittel zu sorgen. Sie kamen mit den knappen Rationen kaum aus und mußten darüber hinaus durch Hamstern, „Organisieren" und Schwarzmarktgeschäfte Lebensmittel „ranschaffen".

Die Ernährungs- und Versorgungslage in Berlin war bis zum Ende der Blockade 1949 das größte Problem der Bevölkerung. Schon seit den Kriegsjahren waren die Berliner an Lebensmittelkarten und Bezugsscheine gewöhnt. Diese Scheine und Marken gehörten zu den Dingen, die über das Kriegsende hinaus Bestand hatten. Lediglich das Zuteilungssystem wurde im Mai 1945 geändert und fünf Berechtigungsgruppen eingeführt: Gruppe I war für Schwerarbeiter (das bedeutete eine Zuteilung von 900 g Fett für einen Monat), Gruppe II für Arbeiter (450 g Fett), Gruppe III für Angestellte (300 g Fett), Gruppe IV für Kinder (600 g Fett) und Gruppe V für die „sonstige Bevölkerung" (210 g Fett) (siehe Schaubild). Zu dieser „sonstigen Bevölkerung" zählten Rentner, Hausfrauen und Hausangestellte; sie bekamen die geringsten Rationen. Im Unterschied zur noch gesicherten Versorgungslage während des Krieges gab es für die Bezugsscheine nach Kriegsende oft nichts zu kaufen. Man stand weiter an. Stundenlanges Warten vor Lebensmittelläden gehört wohl zu den Erinnerungen aller, die die Nachkriegszeit miterlebten. Schlange stand man aber auch vor

Nr. 174

Bekanntgabe der Lebensmittelsätze für die Bevölkerung, 13. Mai 1945

An die Bevölkerung der Stadt Berlin

Um die regelmäßige Versorgung der Berliner Bevölkerung mit Lebensmitteln sicherzu-
stellen, hat das Sowjetische Militärkommando durch den Kommandanten der Stadt Berlin
der Stadtverwaltung ausreichende Mengen von Lebensmitteln zur Verfügung gestellt.
Gemäß Befehl des Militärkommandanten der Stadt Berlin, Generaloberst Bersarin, sind
ab 15. Mai 1945 folgende feste Lebensmittelrationen pro Person und Tag festgesetzt worden:

Brot

1.	Schwerarbeiter und Arbeiter in gesundheitsschädlichen Betrieben	600 g
2.	Arbeiter, die nicht in schweren oder gesundheitsschädlichen Berufen tätig sind	500 g
3.	Angestellte	400 g
4.	Kinder, nichtberufstätige Familienangehörige und die übrige Bevölkerung	300 g

Nährmittel

1.	Schwerarbeiter und Arbeiter in gesundheitsschädlichen Betrieben	80 g
2.	Arbeiter, die nicht in schweren oder gesundheitsschädlichen Berufen tätig sind	60 g
3.	Angestellte	40 g
4.	Kinder, nichtberufstätige Familienangehörige und die übrige Bevölkerung	30 g

Fleisch

1.	Schwerarbeiter und Arbeiter in gesundheitsschädlichen Betrieben	100 g
2.	Arbeiter, die nicht in schweren oder gesundheitsschädlichen Berufen tätig sind	65 g
3.	Angestellte	40 g
4.	Kinder, nichtberufstätige Familienangehörige und die übrige Bevölkerung	20 g

Fett

1.	Schwerarbeiter und Arbeiter in gesundheitsschädlichen Betrieben	30 g
2.	Arbeiter, die nicht in schweren oder gesundheitsschädlichen Berufen tätig sind	15 g
3.	Angestellte	10 g
4.	Kinder	20 g
5.	Nichtberufstätige Familienangehörige und die übrige Bevölkerung	7 g

Zucker

1.	Schwerarbeiter und Arbeiter in gesundheitsschädlichen Betrieben und Kinder	25 g
2.	Arbeiter, die nicht in schweren oder gesundheitsschädlichen Berufen tätig sind, sowie Angestellte	20 g
3.	Nichtberufstätige Familienangehörige und die übrige Bevölkerung	15 g

Kartoffeln

Für jeden Einwohner	400 g

Bohnenkaffee, Kaffee-Ersatz und echter Tee

1. Schwerarbeiter und Arbeiter in gesundheitsschädlichen Betrieben: 100 g Bohnenkaffee,
   100 g Kaffee-Ersatz und 20 g echten Tee **im Monat.**
2. Arbeiter, die nicht in schweren oder gesundheitsschädlichen Berufen tätig sind, sowie
   Angestellte: 60 g Bohnenkaffee, 100 g Kaffee-Ersatz und 20 g echten Tee **im Monat.**
3. Kinder, nichtberufstätige Familienangehörige und die übrige Bevölkerung: 25 g Bohnenkaffee, 100 g Kaffee-Ersatz und 20 g echten Tee **im Monat.**

Salz

Für jeden Einwohner **monatlich**	400 g

*

Mengen und Form der Versorgung mit Milch, weißem Käse und anderen Milcherzeug-
nissen werden nachträglich bekanntgegeben.

*

Abbildung 21: Bekanntgabe der Lebensmittelsätze für die Bevölkerung

Behörden und Ämtern, um Ausweise, Atteste, Erlaubnis-
scheine und vor allem die Bezugscheine und Lebensmittelkarten zu bekommen. Für Frauen bedeutete die Beibehal-
tung des Bewirtschaftungssystems im Grunde genommen
nur die Fortsetzung ihrer schon im Krieg praktizierten Überlebensarbeit. Der Arbeitsalltag in der Nachkriegszeit unterschied sich von ihrem Arbeitsalltag in den Kriegstagen nur
graduell. Frau Fischer, Jahrgang 1910, kommentierte diese
Veränderungen:

> *„Während des Krieges gab es eine einigermaßen gesicher-
> te Versorgung, aber Bombenangriffe; nach Kriegsende gab
> es zwar keine Bombenangriffe mehr, aber auch kein Essen."*

Insgesamt hat sich die Versorgungslage für die Bevölkerung im Frieden verschlechtert.

Der Alltag der Frauen war geprägt von der spezifischen
Berliner Situation, die erst durch den Einmarsch der Russen,
dann durch die Politik der vier Besatzungsmächte bestimmt
wurde. Plünderungen durch die Sieger, Demontage, Sperrung der Konten, Beschlagnahmung von Wohnraum und
Hausrat hatten große Teile der Bevölkerung noch zusätzlich
verarmt. Die Versorgung in den vier Besatzungszonen war
sehr unterschiedlich. Im amerikanischen Sektor ging es den
Leuten zwar etwas besser als im russischen oder im französischen; jedoch waren auch hier viele Berliner unterernährt.

Dies schildert Frau Schmidt, Jahrgang 1929, die damals
mit ihrer Mutter, ihrer Schwester und deren Kleinkind in der
Nogatstraße in Neukölln lebte. Ihr Vater war im Volkssturm
in den letzten Kriegstagen umgekommen, die drei Frauen
waren auf sich selbst gestellt:

> *„Als dann die Westalliierten kamen und wir dann ameri-
> kanischer Sektor wurden – zuerst hatten die Russen ganz
> Berlin besetzt –, ging es uns mit Lebensmitteln besser. Da
> gab es kanadischen Weizen. Das war eine Delikatesse – die-
> ses Weißbrot! Es war ganz weiß und flockig. Wir waren ja
> nur das schwere, tietschige Brot gewöhnt. Und wenn es ein-
> mal auf Zuteilung Äpfel gab, was war das für ein großes*

Glück. Dafür mußte man sich dann aber auch stundenlang
anstellen. Was hab' ich damals nach Obst und Gemüse angestanden – oft fünf bis sechs Stunden –, und für Brot und
Eier genauso. Normalerweise hat man sich um sieben Uhr
vor den Laden gestellt, aber da war man nicht die erste. Es
standen meist schon andere Frauen vor einem. Wir waren ja
drei Personen und das Kleinkind, da hat man mehr gebraucht. Ein halber Kohlkopf hat da kaum gereicht, also
hab' ich mich im nächsten Laden nochmals angestellt. Man
wußte zwar nicht, ob noch etwas da war, bis man vorne
war, aber das mußte man riskieren. Für das Kleinkind hatten wir einen Bezugschein, mit dem wir ab und zu Kuhmilch
holen durften. Das war auch so eine Sache. Den Bezugsschein hatten wir zwar, aber wenn man Pech hatte, dann
war die Milch schon verkauft, wenn man endlich rankam.

Abbildung 22: Für alles mußte man stundenlang anstehen, wie hier bei
der Kartoffelzuteilung. Schlangestehen gehört zu der Erinnerung aller,
die die Nachkriegszeit erlebten.

Noch wenn ich heut' nach Neukölln fahre und an der Hermannstraße vorbeikomme, dann denk' ich mir jedes Mal: ,Mein Gott, wieviele Stunden deines Lebens hast du hier angestanden.'"

Lebensmittelkarten bekam man nur, wenn man über Wohnraum verfügte und ständig in einem Bezirk wohnte. Gleichzeitig war die Zuteilung von Lebensmitteln daran gebunden, daß man sich beim Hauptamt für Arbeitseinsatz (Magistrat von Großberlin) erfassen ließ. Denn am 29. Mai 1945 wurde eine Verordnung über die Arbeits- und Meldepflicht der Berliner Bevölkerung erlassen. Bei Umgehen der Meldepflicht drohte der Entzug von Lebensmittelkarten. Durchgesetzt wurde der Erlaß mit entsprechenden Razzien der Polizei. Sie griff „Arbeitslose" auf den Straßen auf und brachte sie zum Arbeitsamt oder gleich zu entsprechenden Arbeitsplätzen. Die Verknüpfung von Meldepflicht und Lebensmittelkarten zwang die Frauen zu Erwerbsarbeit. Die Arbeitspflicht der Bevölkerung wurde durch die Einteilung in verschiedene Berechtigungsgruppen noch unterstützt. Erwerbstätige Frauen bekamen mehr Lebensmittel als Hausfrauen und Mütter, denn Hausfrauenarbeit wurde auch damals nicht als Arbeit anerkannt. Diese Einstufung der Hausfrauen in die ,Hunger- oder Himmelfahrtskarte' zwang zusätzlich viele Hausfrauen und Mütter, erwerbstätig zu werden, um in eine bessere Versorgungsgruppe zu kommen.

Diese Hausfrauenregelung wurde von den Berlinern zwar heftig kritisiert, aber erst ab 1. März 1947 geändert, indem Hausfrauen aus der Versorgungsgruppe V der Versorgungsgruppe III zugeordnet wurden.

Im September 1945 waren 371 409 Frauen als erwerbstätig registriert worden; dies entspricht einer Beschäftigungsquote von fast 50 %. Im September 1946 waren bereits 705 397 Frauen erwerbstätig. Bis zur Blockade blieb die Zahl der erwerbstätigen Frauen nahezu gleich hoch. Insgesamt lag die Frauenerwerbsquote in Berlin wesentlich höher als in den Westzonen. Dort betrug sie 1945 ca. 30 % und fiel bis 1948 auf ca. 29 % (siehe Tabelle 10 und 11).

Viele Frauen arbeiteten in Männerberufen. Schon während des Krieges, als männliche Arbeitskräfte an die Front abgezogen wurden, hatten viele Frauen in reinen Männerberufen gearbeitet. Nach Kriegsende wurde der Arbeitskräftemangel noch drastischer, und die Frauen mußten „ihren Mann" selbst an Hochöfen, in Stahlwerken und in der Glasindustrie stehen. Sie arbeiteten als Kran- und Baggerführerinnen, als Sägerinnen oder als Matrosen in der Binnenschiffahrt. Sie waren in Handwerksbetrieben bei Uhrmachern und Optikern, in der Bauberatung und Gebrauchswerbung tätig.

Insgesamt waren die Arbeitsämter in Berlin angehalten, im Interesse der Gesundheit Frauen erst dann auf Männerarbeitsplätze zu vermitteln, wenn keine männlichen Arbeitskräfte zur Verfügung standen. Aber gerade die Arbeitsplätze, die als „Schwer- und Schwerstarbeit" – also als typische Männerarbeitsplätze – galten, waren bei den Frauen sehr gefragt. Denn sie garantierten neben dem Lohn auch höhere Lebensmittelrationen oder waren mit zusätzlichen Naturallohnanteilen versehen. Schwerarbeit ermöglichte den Frauen, die Lebensmittelkarte V gegen die bessere Karte II zu tauschen. Aus diesem Grund gingen viele Frauen zum Enttrümmern. Aus allen Dokumenten geht hervor, daß es fast ausnahmslos Frauen waren, die in Berlin die Trümmer aufräumten und so die ersten Schritte zum Wiederaufbau der zerstörten Stadt taten.

„Es gab in ganz Berlin 60 000 Trümmerfrauen, 40 000 davon in West-Berlin", berichtet Frau Templin, die älteste des Klubs der Trümmerfrauen, der heute noch in Berlin besteht. Die offizielle Berufsbezeichnung lautete „Hilfsarbeiterin im Baugewerbe". In Berlin arbeiteten ca. 5–10 % aller lohnabhängigen Frauen in diesem Beruf, weit mehr als in westdeutschen Städten. Anfangs waren unter den Trümmerfrauen zwar viele ehemalige NSDAP-Mitglieder und deren Angehörige, die zur Zwangsarbeit verpflichtet waren, jedoch gab es bald immer mehr Frauen, die nicht politisch belastet waren und trotzdem diese Schwerarbeiten ausführten.

Abbildung 23: „Wir mußten Straßenbahnschienen auf einen Pferdewagen verladen. Und weil es keine Pferde gab.

Frau Ehrhardt, Jahrgang 1909, berichtet von ihrem Einsatz als Trümmerfrau im damaligen Berlin-Mitte:

„Ich war bei der Straßenreinigung angestellt. Da gab es große Pferdewagen, auf die haben wir die Steine aufgeladen. Pferde gab es nicht mehr, deshalb mußten wir Frauen die Wagen ziehen und schieben. An jeder Seite ein paar Frauen. Da hieß es: volladen mit Schippen, immer rauf und dann wegbringen. Der Schutt wurde überall da hingefahren, wo freie Plätze, Bombentrichter oder Mulden waren. Da haben wir das ganze Zeug dann hingebracht. Na ja, viel Lohn haben wir nicht gekriegt. 61 Pfennige waren das damals, glaub' ich. Aber wir haben eine höhere Karte gekriegt, eine Arbeiterkarte, das war das Attraktive daran. Denn die Hausfrauenkarte, die ich zuerst bekam, das war wirklich zum Leben zu wenig. Ich weiß nicht mehr genau, wieviel es darauf gab. 300 Gramm Brot, glaub' ich, gab es, soundsoviel Gramm Salz und sieben Gramm Fett pro Tag. Das weiß ich noch genau, sieben Gramm Fett. Und was kann man denn mit sieben Gramm Fett anfangen? Gar nichts. Die ersten paar Mal war das Enttrümmern natürlich unangenehm und ungewohnt. Man hatte ja auch keine Kleidung dafür. Man mußte eine Schürze mitnehmen und Handschuhe, wenn man welche hatte. Das war eine harte Arbeit, aber nachher hat man sich daran gewöhnt.“

In der unmittelbaren Nachkriegszeit berichteten die Zeitungen viel und ausführlich über die Arbeit der Trümmerfrauen. Auch die Behörden sparten nicht mit überschwenglichem Lob für Frauen, die schwere körperliche Arbeit leisteten. In einem Rechenschaftsbericht des Magistrats heißt es z. B. 1946:

„Blicken wir heute auf die Arbeitsleistungen der Frau im Rahmen des Wiederaufbaus Berlins, insbesondere bei den Enttrümmerungsarbeiten, so finden wir, daß gerade die Frauen die Zeichen der Zeit verstanden haben und sich mutig und willig den harten Gegebenheiten anpassen.“

Andererseits war den Behörden klar, daß die Beschäftigung der Frauen in Bauberufen nur eine Übergangserscheinung sein sollte, nämlich solange männliche Arbeitskräfte noch nicht zur Verfügung standen. Die Zahl der Trümmerfrauen nahm dann auch entsprechend bis 1949 stark ab.

Doch der Lohn war nicht das Entscheidende: Das Geld verlor ständig an Wert. Oft konnten von den geringen Monatslöhnen – ein Berliner Durchschnittseinkommen lag in den ersten Nachkriegsjahren zwischen 200 und 300 Mark, doch das Einkommen alleinstehender Frauen lag oft noch weit darunter – gerade die behördlich garantierten Lebensmittelrationen bezahlt werden, aber die dringend benötigten zusätzlichen Lebensmittel, Kleidung, Möbel, Hausrat usw. konnten davon kaum gekauft werden. Erwerbstätige Frauen hatten noch dazu kaum Zeit zum Hamstern, Sammeln oder Tauschen und waren somit gezwungen, mit den mageren

Abbildung 24: Berliner Trümmerfrauen um 1945, die trotz schwerer Arbeit manchmal miteinander tanzten.

Rationen der Lebensmittelkarten auszukommen. Deshalb schätzen dies einige der Frauen, die damals sofort erwerbstätig wurden, in der Rückschau als Fehler ein.

So beschreibt z. B. Frau Fischer, Jahrgang 1910, die nach dem Krieg mit ihren drei Kindern allein dastand, ihre damalige Situation. Sie arbeitete nach 1945 bei AEG in Treptow:

„Ich hab' meine Kinder von den Rationen nicht satt gekriegt. Wir hatten dauernd Hunger. Die Kinder wurden zu Hause nicht satt, und dann haben sie angefangen zu klauen. Da hatten wir noch Schwierigkeiten mit der Polizei. Nach Jahren bin ich dann drauf gekommen, wie ich es hätte machen müssen. Von meiner Bekannten hab' ich gehört, daß sie damals rausgefahren ist, und was sie alles rangeholt hat: Kartoffeln und alles mögliche und dies und jenes getauscht. Da hat sie Klamotten geklaut und dort etwas mitgehen lassen. Da hab' ich gesagt: ‚Ja, ich hätte auch hamstern fahren sollen und hätte nicht gleich Arbeit suchen sollen.' Aber ich war der Meinung, die Nazis haben uns so reingerissen, jetzt müssen wir aufbauen. Wenn ich nur unsere Straße anguckte, die voller Trümmer und Ruinen war. Die Häuser, die noch standen, die waren an einer Hand zu zählen. Ich habe immer gesagt: ‚Wir wollen aufbauen.' Und dazu mußte man eben 'ne anständige Arbeit haben. Arbeiten mußte ich ja, weil ich kein Geld hatte. Aber heute sag' ich mir, Organisierung und Hamstern hätte mir und meinen Kindern mehr genützt als die ganze Arbeiterei. Das kann ich nicht vergessen. Wenn die Kinder satt geworden wären, hätten sie nicht zu klauen brauchen, und wir hätten nicht diese Schwierigkeiten gekriegt."

Eine recht einträgliche Form der Erwerbsarbeit war es, selbständig Güter oder Waren herzustellen, um sie dann als Tauschobjekte zu verwenden. Für die Eschenburgs z. B. war dies ein wichtiger Schritt zur Existenzsicherung. Schuhe herzustellen und gegen Naturalien einzutauschen, war damals mehr wert als reiner Lohnerwerb und auch lukrativer, als die Gegenstände gegen Geld zu tauschen. Denn die Kaufkraft des Geldes war bis zur Währungsreform sehr beschränkt. Viele Frauen, die Gelegenheit dazu hatten, begannen, selbständig zu produzieren. Die Liste der Gegenstände, die sie fertigten, scheint endlos. Es gab Frauen, die z. B. aus Abfallstoffen Puppen für die Alliierten nähten, aus aufgeribbelter Wolle Strümpfe strickten, Schuhe herstellten oder aus alten Kleidern und Militärstoffen neue Kleidungsstücke nähten, um diese zu tauschen. Die fabrizierten Gegenstände wurden gar nicht erst nach ihrem Geldwert bemessen, sondern schon vorher in Lebensmittel oder Zigaretten, die man dafür bekommen würde, umgerechnet.

Frau Schmidt, die schon über das anstrengende Anstehen beim Einkaufen berichtete, erzählt, wie sie mit ihrer Schwester zusammen Puppen herstellte:

„Mein Vater war gelernter Sattler, der konnte nichts liegen sehen und hatte so 'n Autositz aufgehoben. Das Werg, das da drin war, haben wir verwendet. Meine Schwester hat Reste zusammengesucht – man war ja damals so erfinderisch – und hat aus Lappen wunderhübsche Puppen für Spielwarengeschäfte genäht. Da haben sich die Geschäftsleute drum gerissen, weil sie das wirklich sehr schön gemacht hat. Sie nahm Trikotstoff – früher waren ja die Seidenstrümpfe aus Trikot, helle und fleischfarbene – für die Arme und die Fingerchen. Mit diesem Werg haben wir die Puppen ausgestopft. Also, jeder Schnipsel wurde für die Puppen gebraucht. Auch Tiere hat sie gemacht, wirklich allerliebst. Ich hab' ihr eben geholfen. Und meine Mutter auch. Zu zweit oder zu dritt haben wir mehr geschafft. Wenn wir zehn Puppen in der Woche genäht haben, war das viel, und wir mußten praktisch Tag und Nacht dafür arbeiten. Aber was sollte man machen, wenn Kinder Hunger haben. Der Sohn meiner Schwester war gerade mal zwei oder drei Jahre alt. Der rannte mit seinem Teller durch die Wohnung: ‚Mutti, kocht Mittag!' sagte er morgens schon. Mit dem Puppennähen konnten wir uns über Wasser halten. Die Puppen haben wir gleich gegen Nahrungsmittel eingetauscht. Abends haben wir immer ausgerechnet, jetzt haben wir soundsoviel Puppen, das gibt soundsoviel Brot oder

*Butter oder Süßstoff oder so. Die Puppen wurden gleich in
Nahrungsmittel umgerechnet!"*

Die Erfindungsgabe, mit der viele Frauen versuchten, sich
in irgendeiner Form selbständig zu machen, wurde von vielen der damaligen Zeitschriften aufgegriffen. In der „Stimme
der Frau" erschien z. B. im Jahr 1948 die Serie „Sie packten
zu und haben es geschafft", die über einfallsreiche und muti-
ge Frauen berichtete. Es waren Artikel über Frauen, denen
es gelungen war, sich eine eigene berufliche Existenz aufzu-
bauen und zu sichern. Die Redaktion forderte die Leserinnen auf, ihre eigenen Erfahrungen zu schildern. Daraufhin
erschienen Berichtel: „„Wir haben es geschafft' – Leserinnen
schreiben". Die Palette der Einfälle und des Unterneh-
mungsgeistes war vielfältig. Frauen schrieben, wie sie Gärt-
nerin, Gepäckträgerin, Lampenproduzentin, Schusterin,
Lastwagenfuhrunternehmerin, Kranführerin, Taxifahrerin,
Kapellmeisterin, Tagesmutter, Büglerin, Spediteurin, Zei-
tungskioskbesitzerin, Eisverkäuferin mit eigenem Eiswagen,
Leiterin einer Bäckereifiliale, Unterhalterin oder auch
Strickwarenproduzentin wurden.

Die meisten der produzierten Güter wurden direkt auf
dem Schwarzmarkt eingetauscht. Zu den berühmten
Schwarzmarktzentren in Berlin gehörte der Tiergarten oder
der St.-Georg-Kirchplatz am Alex. 1948 erbrachte ein Paar
Lederschuhe auf dem Schwarzen Markt ca. 1500 Reichsmark oder zwei Pfund Butter (560 RM), zwei Pfund Zucker
(170 RM), eine Flasche Speiseöl (300 RM) und ein Pfund
Kaffee (500 RM) – ein Vermögen für damalige Verhältnisse
(vgl. Zeittafel). Wer also Gegenstände produzierte oder Sachen gerettet hatte, konnte Stück für Stück auf dem
Schwarzmarkt in Lebensmittel verwandeln und so dem
Hunger eher entgehen als z. B. Flüchtlinge oder Ausgebombte, die nichts zum Tauschen hatten.

Frau Friedrich, Jahrgang 1923, lebte damals mit ihrer
Mutter und dem kleinen Bruder in Reinickendorf. Da der
Vater gefallen war, fühlte sich die Tochter für Mutter und
Bruder mitverantwortlich.

„Wir hatten nicht viel, was wir am Schwarzmarkt anbieten konnten. Wir haben das mal so gemacht, daß wir jemanden suchten, der für uns 'ne Kristallvase verkaufte und das halbe Eßservice. Kurz vor Weihnachten '47, hatten wir weder was zu essen noch zu brennen, und da kam ein Kollege. Ich sage: ‚Mensch, wenn ich nur wüßte, wer mir meine Armbanduhr verkauft, dann würde ich die verkaufen.' Da sagt er: ‚Ich würde das für Sie machen.' Und hat sie für mich verkauft. Ich habe 800 Mark dafür gekriegt. Und dann sagt er: ‚Ich weiß da eine Frau im Engelmannweg, der Mann ist Reichsbahner, die hat Kohlen.' Und da habe ich zwei Zentner Kohlen gekauft. Dann hatten wir wenigstens was zu brennen. Und ein bißchen grünen Kaffee haben wir uns gekauft. Damals kriegte man nur diesen grünen Rohkaffee von Schwarzhändlern. Der wurde in der Bratpfanne geröstet. Da mußte man aufpassen, daß der nicht zu schwarz wurde. So hatten wir wenigstens mal 'ne Tasse Kaffee zu Weihnachten."

Der Schwarzmarkt war ein wichtiger Zugang zu Lebensmitteln und wurde von den meisten Frauen in die Organisation des Überlebens einbezogen. 1947 waren nach Schätzungen nahezu 85 Prozent der Berliner Bevölkerung auf dem Schwarzmarkt aktiv.

Der illegale Handel war sicher auch ein Grund für die Versorgungsengpässe jener Jahre, da die Waren aus den offiziellen Verteilungswegen abgezweigt wurden. Deshalb versuchten Militär und Polizei, das Handeln auf dem Schwarzmarkt zu unterbinden – doch trotz riesiger Polizeiaufgebote und Razzien mit wenig Erfolg. Die Not war zu groß, als daß man sich durch polizeiliche Sanktionen davon abhalten ließ, auf diese Weise etwas für den Lebensunterhalt zu „organisieren". Denn oft erschienen Schwarzmarktaktivitäten als die einzige Möglichkeit, die Familie über Wasser zu halten.

In dem Netz von Händlern und Vermittlern waren es oft Frauen, die auf den unteren Ebenen auf dem Schwarzmarkt in Erscheinung traten. Für alles und jedes gab es eine sogenannte „schwarze" Frau mit einer Spezialisierung, z. B. für

Rasierklingen, Haferflocken oder Seife. Diese „kleinen Fische" waren es zumeist, die wegen irgendwelcher Kleindelikte empfindliche Strafen kassierten. Die großen Schieber wurden dagegen selten gefaßt.

Frau Hildebrandt, Jahrgang 1912, z. B. war besonders „geschäftstüchtig": Sie wickelte sogar überregionale Geschäfte ab. Nach 1945 lebte sie mit ihrer Mutter und Großmutter zusammen in Spandau, Vater und Großvater waren gefallen.

„Es wurde ja damals in Berlin mehr geschoben, als es öffentlich zu kaufen gab. Und so allmählich kriegte ich dann auch Verbindungen. Ich hatte da 'ne Verbindung nach Leipzig in Sachen Süßstoff. Den konnte man gut tauschen. Wenn man Süßstoff hier hatte, tauschte man wieder andere Artikel. Allmählich sprach sich das rum: der macht da mit, der macht da mit. Dann gab es verschlüsselte Anrufe. Wir hatten verhältnismäßig zeitig Telefon. Und wenn einer Leberwurst anzubieten hatte, dann hieß es Bindfaden und so. Sie konnten ja die Sachen nicht offiziell machen. Ich hatte auch meine Mutter mit eingeschaltet. Die ist für mich einmal nach Leipzig gefahren, um Süßstoff zu holen. Und dann landete der Bus auf dem Polizeipräsidium von Leipzig. Meine Mutter hatte aber den Süßstoff im Ärmel, überm Arm den Mantel. Sie hatte kein Gepäck, und sie hat uns erzählt, daß es plötzlich nur noch herrenlose Koffer im Bus gab. Kein Mensch hat sich zu seinem Gepäck bekannt, weil ja überall Schieberware drin war. Aber deshalb war man kein Gangster oder Verbrecher. Das war Selbsterhaltungstrieb.

Man durfte aber nirgends hingehen. Also, wenn Sie was zu liefern hatten, mußten Sie es abholen lassen. Die Hauptzentrale der Süßstoffverkäufer war in der Linienstraße, da unten am Schiffbauerdamm. Die kamen dann hierher und haben den Süßstoff hier abgeholt. Meine Mutter hat dann gesagt: ,Unterlaß das bitte.' Denn denen hat man die Schieber von weitem angesehen. Frauen, die damit gehandelt haben, sind hier aufgekreuzt mit einer Schürze um und haben den Süßstoff nur so in die Taschen gesteckt, da konnte ihnen ja nichts passieren. Es war natürlich immer gefährlich. Sie waren immer froh, wenn sie die Sachen wieder los waren. Aber wenn man erst einmal einen Bekanntenkreis hatte, ging das ganz gut.

   Ich hatte zum Beispiel bei Schwarzkopf eine Telefonistin. Die hatte 'ne Schwester, die war in 'ner Zigarettenfabrik. Diese Telefonistin war mir schon immer gut gesonnen. Und sie hatte Zigaretten, und ich hatte andere Sachen. Da ging das natürlich bei uns beiden schwunghaft hin und her. Hier, zwei Häuser weiter, der Herr Müller, der hat mir gleich die Zigaretten abgenommen. Der hatte nun wieder andere Sachen. Und so ergab sich das alles. Ich möchte sagen, es war interessant.“

   Das Hamstern war für die Berliner Bevölkerung schwieriger als für die Bewohner der Westzonen. Einerseits fehlten den Berlinern in besonderem Maße die Mittel, die zum Hamstern notwendig waren: Besitz, Tauschwaren, Geld etc., andererseits war das Hamstern in der ländlichen Umgebung Berlins weniger ergiebig als in den Westzonen, da sich die Truppen der sowjetischen Besatzungsmacht – im Unterschied zu den Amerikanern, Franzosen und Engländern – in großem Maße von den Erzeugnissen der deutschen Landwirtschaft ernährten. Für viele Berliner war es unmöglich, Vorräte anzulegen. Sie konnten z. B. im Winter 1946/47 weniger Gemüse und Obst einwecken, als dies in vergleichbaren Städten der Westzone möglich war.

   Besonders Mütter mit Kleinkindern hatten mit dem Hamstern Schwierigkeiten. Denn je nach dem, wo die Frauen wohnten – im Stadtzentrum oder in der Vorstadt – und wo sie hinfuhren, machte das Hamstern oft eine tagelange Abwesenheit von zu Hause erforderlich.

   Frau Berg, Jahrgang 1910, beschreibt, wie sie mit ihrer Schwester von Frohnau aus hamstern gefahren ist:

„Am Sonnabend, Sonntag kamen dann meine Eltern hierher, um die Kinder zu hüten. Meine Schwester und ich setzten uns aufs Fahrrad und fuhren ins havelländische Luch, um Kartoffeln, Mohrrüben, rote Rüben und Kohlrabi her-

anzuschaffen, die wir auf Schleichwegen durch die Mark Brandenburg transportierten, um dann von Nauen aus mit dem Vorortzug oder auch mit dem Fernzug zu fahren. Aber die Fernzüge waren gefährlich, weil man praktisch auf den Trittbrettern draußen stehen mußte. Es gab hier eine Bahn, die von Spandau über Niedernollendorf nach Nauen ging, so 'ne Kleinbahn, und die benutzten wir. Da kam man immer noch einigermaßen mit, ohne auf dem Trittbrett stehen zu müssen. Dann fuhren wir das letzte Stück wieder mit dem Fahrrad auf Schleichwegen. Wir hatten einen Gepäckträger vorne auf dem Rad und einen Gepäckträger hinten auf dem Rad. Jeder hatte soviel aufgeladen, wie es nur eben ging. Und ab und zu kippte man auch mal um, erstens wegen des Gepäcks und zweitens wegen der Sandwege. Es war also ausgesprochen strapaziös, aber wir machten es beinahe jedes Wochenende.“

Beim Hamstern waren jene Frauen im Vorteil, die nicht ausgebombt waren und noch Hausrat besaßen, den sie verhamstern konnten. Frauen, die keine Tauschwaren mehr hatten, versuchten bei den Bauern der Umgebung Berlins gegen Naturallohn zu arbeiten. Es geschah häufig, daß die erarbeiteten oder ertauschten Lebensmittel nicht nach Berlin geschafft werden konnten, da die Waren an der Stadtgrenze beschlagnahmt wurden. Denn das Hamstern war, genau so wie der Schwarzhandel, offiziell verboten.

Diese Erfahrung machte Frau Schuhmacher, Jahrgang 1922. Sie lebte 1946 mit ihrem dreijährigen Sohn in Charlottenburg. Ihr Mann war in Gefangenschaft:

„Ja, Geld interessierte die Bauern gar nicht. Ich bin einmal mit meinem Schwager zusammen gefahren. Da haben wir uns beide abgeschleppt mit Nägeln. Fragen Sie mich nicht, wo und wie wir die besorgt haben. Aber die Bauern brauchten Nägel, soundsoviel Zoll lang. Dann sind wir beide mit den Nägeln nach Warnemünde und kriegten dafür Mehl und Kartoffeln. Ich hab' einmal 'ne Woche dort auf dem Feld gearbeitet, für diese Woche bekam ich einen Zentner Kartoffeln. Und den mußte ich ja nun schleppen, den

Abbildung 25: Der Tiergarten rund um den Großen Stern war gerodet und zu Ackerland geworden. 1946 ernten hier Berliner ihre Kartoffeln.

Zentner Kartoffeln! Hier bei Bernau war eine Sperre, und da wurden einem die Sachen wieder abgenommen. Aber wir haben es meistens so gemacht: Wir sind durch die Sperre durch, haben irgendwas, meinetwegen Kartoffeln oder Äpfel, was etwas minderwertiger war, oben hingelegt, und unten haben wir die guten Sachen durchgeschoben, mit dem Fuß weitergeschoben. Es war immer sehr eng und voll, da ging das. Viele haben es auch so gemacht: Die hatten kurz vor Bernau Leute stehen, und denen haben sie die Sachen aus dem Zugfenster zugeworfen. Dann haben die das durch irgendwelche Schleichwege durchgeschleust. Also, daß wir damals nicht verhungert sind ..."

Zur Verbesserung der Lebensmittelversorgung der Bevölkerung wurde vom Magistrat städtisches Gelände zur privaten Nutzung freigegeben. In den öffentlichen Parks, wie z. B.
im Tiergarten, wurden Äcker angelegt und Kartoffeln, Gemüse, Salat und Kohl gezogen. In Hinterhöfen, auf den
schmalen Grünflächen zwischen den Häusern und Straßen,

*Abbildung 26: Wer keinen Garten hat muß sich mit dem Balkon be-
gnügen. In allen verfügbaren Töpfen und Tiegeln wird Gemüse und
Tabak angepflanzt.*

auf öffentlichen Plätzen, in Parks, überall wurde mit dem
Spaten umgegraben und Gemüse angebaut. Jedes Stückchen
Land, auch das kleinste, wurde als Anbaufläche genutzt.

Zwar waren die Möglichkeiten in Berlin, zwischen den
Trümmern Kartoffeln oder Kohl zu ziehen, wesentlich be-
grenzter als in den West- oder Ostzonen, aber die wenigen
angelegten Felder und Gärten verbesserten die Lage doch
spürbar.

Auch auf Balkonen wurde in jedem verfügbaren Topf Gemüse oder Tabak gezogen. Viele Berliner züchteten Kaninchen, Hühner und Schweine sogar in Wohnungen. Im April
1946 wurden in über 97 000 Haushalten in Berlin Hühner,
Schweine, Enten, Kaninchen, Schafe, Ziegen, Hühner und
Bienen gehalten. Die Besitzer von Schrebergärten hatten in
den ersten Nachkriegsjahren große Vorteile gegenüber den
anderen.

Frau Berg, Jahrgang 1910, die mit ihrer Schwester und
den drei Kindern am Stadtrand Berlins in Frohnau wohnte,
war eine glückliche Gartenbesitzerin:

*„Und dann fingen wir an, im Garten Tomaten zu züchten.
Gott sei Dank, kann ich nur sagen, hatten wir damals noch
keine Kanalisation für diesen Teil von Frohnau, so daß wir
hier die alte Jauchegrube enorm nutzen konnten. Alle hatten
sich einen langen Stiel mit Schöpfer organisiert, und dann
schöpfte man die Jauche rein, dann ein bißchen Sand drauf.
Dann wartete man eine Woche, bis sich das abgesetzt hatte,
und pflanzte die Tomaten rein. Die Tomaten haben das gut
vertragen. Alle machten das so. Man roch es immer. Wir
nannten das ‚jauchzen‘. Wir hatten auch grünen Salat angepflanzt und Rhabarber und Kohlrabi.“*

Zusätzlich wichtig war das Sammeln von Nahrung in
Wäldern und auf Wiesen, denn junge Farntriebe oder wilder
Hopfen konnten zu spargelähnlichen Gerichten verarbeitet
werden. Aus verschiedensten Wurzeln kochten die Frauen
Gemüse und aus Brennesseln oder Sauerampfer Suppen. Die
damaligen Frauenzeitschriften waren voll von solchen Re-
zepten. Die „Frau von heute“ erläuterte 1947 z.B. unter

Abbildung 27: „Wir sind alle stoppeln gegangen. Von den Ähren konnte man sich dann etwas zusätzliches Mehl machen und so die Lebensmittelrationen aufbessern.“

dem Titel „Wildgenüsse in voller Pracht" Rezepte für Sauerampfereintopf, Wildgemüsesuppe, Löwenzahngemüse, gebratene Melde, Brennesselküchlein, Nachtkerzenwurzeln in holländischer Tunke, Brennesselpudding.

Viele Frauen erinnern sich an „Spezialitäten"-Rezepte und daran, daß neben Kartoffelgerichten in allen Variationen die Worte „falsch" und „Ersatz" den täglichen Speisezettel bestimmten. Kaffee-Ersatz, falsche Butter, falscher Hase, Mehlersatz, falscher Schokoladenkuchen waren an der Tagesordnung. Eines ihrer täglichen hauswirtschaftlichen „Zauber"kunststücke beschreibt Frau Berg:

„Und dann sind wir Samstag, Sonntag immer rausgefahren zum Hamstern. Rote Rüben waren merkwürdigerweise leichter zu bekommen als Kartoffeln, weil die bei der Dorfbevölkerung nicht so gefragt waren. Ich habe viel aus roten Rüben gemacht. Ich hatte noch so ein Uraltrezept von meiner Großmutter: Die machte das als Gemüse, so ein bißchen angerührt mit Trockenmilch, so 'n bißchen süßsäuerlich. Und aus den gehamsterten Rüben wollte ich eigentlich immer Sirup kochen, denn Zucker war Mangelware. Aber das Rübenkochen war auch nicht so einfach, denn sie brauchten erst mal ziemlich viel Feuerung, um den Sirup auszukochen. Und um auf das Brennmaterial zu verzichten, hab' ich den Rübensaft nur so lange eingekocht, bis er einigermaßen schmeckte und dann schon in Flaschen abgefüllt. Dieses süße Wasser konnte man zu allem gebrauchen ..."

Frau Krause, Jahrgang 1934, erzählt von dem hauswirtschaftlichen Einfallsreichtum ihrer Mutter, mit der sie in Mariendorf zusammenlebte:

„Meine Mutter konnte buchstäblich aus Nichts etwas machen. Die hat uns Leberwurst gemacht aus Mehl und Majoran und Brotaufstrich aus Hefe und Basilikum. Das wurde so etwas mit Wasser angedickt. Das war zwar nichts Kräftiges, aber schmeckte gut wegen dem Gewürz, das sie dazu gesammelt hat. Und aus Kartoffeln hat sie alles mögliche gemacht: Puffer, sogar Brot und Kuchen wurden mit Kar-

toffeln gebacken. Und dann gab es manchmal Kürbissuppe.
Sogar die Kartoffelschalen hat sie mit bißchen Mehl zu 'ner
ganz guten Soße gekocht. Wenn meine Mutter nicht so erfin-
derisch gewesen wäre, hätten wir die Jahre bestimmt nicht
überstanden. Sie hat für uns Kinder nur gesammelt und ge-
kocht, selber hat sie meist verzichtet. Am Schluß war sie so
unterernährt. Sie hat immer verzichtet zugunsten der Kin-

Abbildung 28: Während der Blockade ist Brennmaterial kaum zu bekommen. Jeder kleine Ast wird von der Holzsammlerin mitgenommen.

der. Die Mütter haben sich immer geplagt und haben gehungert."

Der Rückgriff auf hauswirtschaftliche Kniffe vorindustrieller Zeiten und auf die alten Methoden von Müttern und Großmüttern wurde notwendig: Solange es kaum Lebensmittel zu kaufen gab, wurden traditionelle Konservierungstechniken für das wenig Vorhandene – Einkochen, Einlegen, Einmachen, Einlagern – überlebenswichtig. Wenn Seife und Waschpulver als Luxus galten, mußte mit Kartoffelschalen, Holzasche, Ochsengalle, Efeublättern oder zerstoßenen Kastanien gewaschen werden. Der Zeitaufwand war enorm: Zunächst mußten die entsprechenden „Zutaten" für die „Seifen" gesammelt und bearbeitet werden. Dies nahm mehrere Stunden in Anspruch. Dann erst konnte mit der eigentlichen Wäsche begonnen werden. Der ständige Kampf gegen den Schmutz war nahezu aussichtslos. Weil man ja wenig zum Anziehen hatte, mußte die Erziehung der Kinder zur Sauberkeit noch strenger gehandhabt werden, denn die Einhaltung eines Mindestmaßes an Hygiene war angesichts der sich rapide verbreitenden „Schmutzkrankheiten" ungeheuer wichtig. Das bißchen Kleidung und Wäsche mußte dauernd geflickt und gestopft oder umgeändert werden. Angesichts der Schwierigkeiten, Nähgarn, Stopfgarn oder Wolle zu besorgen, war dies für die Frauen mühsam und erforderte viele Tricks und Kniffe.

Frau Maurer, Jahrgang 1913, erinnert sich noch gut an das Kleidungsproblem. Sie lebte zusammen mit ihrer Mutter in Spandau, ihr Vater war 1948 an den Kriegsfolgen gestorben:

„Das Wichtigste war, daß ich diese Militärhosen ergattert hatte. Sie konnten Geld haben wie sonst noch was, aber dafür gab es ja nichts zu kaufen, es gab keine Textilien. Da wurden Schlafdecken eingefärbt, mein Sonntagsmantel war eine schwarz gefärbte Schlafdecke. Der Mantel war damals ein Vermögen wert. Röcke, die nicht mehr ganz in Ordnung waren, wurden gewendet, und Strümpfe wurden gestopft. Gestopft haben wir eigentlich immer, es war ja ständig et-

was kaputt. Und dauernd mußten wir stehen und waschen und bügeln, es gab ja noch keine Synthetik-Kleidung. Und dann hat man doch auch kein Stopfzeug und kein Nähgarn gekriegt. Das mußte erst wieder organisiert werden. Damals hat man aus allem etwas zu machen gewußt. Nichts wurde weggeschmissen. Ich muß ehrlich sagen, wenn heutzutage die Leute die schönen Stoffe wegschmeißen, das tut mir in der Seele weh. Ich schmeiß' nichts weg. Es wird alles verarbeitet. Das hab' ich noch von damals."

In den kalten Wintern spitzte sich die Lage empfindlich zu. Viele Berliner verhungerten oder erfroren in unbeheizbaren Wohnungen. Die amtliche Statistik zeigt, daß in den Wintermonaten 1945/46 und 1946/47 sehr viel mehr Menschen starben als in den jeweiligen Sommermonaten. In den Monaten Oktober 1945 bis März 1946 waren über 60 000 Menschen gestorben, in den Wintermonaten 1946/47 waren es 40 000. Die Familie durchzubringen, war ein unglaubliches Kunststück – das Kunststück der Frauen.

Die Berlin-Blockade 1948/49 brachte der Stadt eine nochmalige Verschärfung der Lebenssituation und bedeutete einen massiven Einschnitt in die politische Entwicklung und vor allem in die Versorgung der Bevölkerung in den Westsektoren. Bereits Ende Juni 1948 begannen die Schwierigkeiten durch Behinderungen der offiziellen Lebensmittelzufuhren durch die sowjetische Besatzungsmacht. Ab 1. August war jeder Verkehr zwischen dem Westen und den Berliner Westsektoren unterbrochen. Die amtlichen Lebensmittelzuteilungen konnten nur noch mit Hilfe einer Luftbrücke durch die Westalliierten gewährleistet werden. Tag und Nacht landeten Flugzeuge in Tempelhof, Tegel oder Gatow.

Insgesamt wurden auf rund 200 000 Flügen während der Blockade über zwei Millionen Tonnen Nahrungsmittel, Medikamente, Kohlen und anderee lebenswichtige Güter nach West-Berlin eingeflogen. Um jeden Kubikzentimeter eines Flugzeuges zu nutzen, mußten die Lebensmittel in möglichst gewicht- und raumsparender Form geliefert werden. Trockenkartoffeln, Trockengemüse, Trockenfrüchte, Fruchtpa-

*Abbildung 29: Während der Blockade von August 1948 bis Mai 1949
wird die Versorgung Berlins nur durch Luftverkehr aufrecht erhalten.
Tausende von Flugzeugen transportieren die notwendigsten Lebensmittel und Gebrauchsgüter.*

sten, Nährmittelzusätze, Milchpulver, Eipulver, Sojamehl
und Büchsenfleisch wurden eingeflogen. Die Frauen mußten
die Essenszubereitung völlig umstellen, um mit diesen neu-
artigen, hochkonzentrierten Nahrungsmitteln genießbare
Gerichte auf den Tisch bringen zu können. Da Ballaststoffe
und sättigende Zutaten fehlten, mußte der Magen mit Wasser gefüllt werden, um wenigstens kurzfristig keine Hunger-
gefühle zu haben. Besonders in den Wintermonaten 1948/
49, in denen es überhaupt keine Möglichkeiten gab, Frisch-
gemüse oder Kräuter zu verwenden, fiel es den Frauen
schwer, Mahlzeiten zuzubereiten.

Von der Blockade waren nicht alle Frauen in gleicher Weise betroffen. Die Frauen, die einen Teil ihrer Lebensmittel
durch Hamsterfahrten aus dem Berliner Umland „organi-

siert" hatten, sahen in der Blockade eine einschneidende und massive Verschlechterung ihrer Situation. Sie konnten ihre Hamsterware kaum mehr über die nun noch schärfer kontrollierten Sektorengrenzen schaffen. Überall mußte nun mit Kontrollen gerechnet werden. In der Stadtbahn, an den Ausfallstraßen und sogar auf Nebenstraßen und Feldwegen wurden Razzien durchgeführt. Dadurch stiegen die Preise für Gemüse, Kartoffeln und Obst auf dem West-Berliner Markt immer höher. Dies hatte zur Folge, daß sich kaum noch jemand Hamster- und Schwarzmarktware leisten konnte.

Andere Frauen erlebten die Blockade lediglich als eine graduelle Verschlechterung. So erinnern sich diejenigen, die auch schon vorher weder Zeit noch Gelegenheit hatten, hamstern zu fahren und ausschließlich auf die Lebensmittelzuteilungen der Bezugsscheine angewiesen waren, daß es während der Blockade zwar weniger Lebensmittel gab, aber

Abbildung 30: „Während der Blockade gab es Trockenkartoffel, Trokkengemüse, Trockenobst, Milchpulver und Eipulver. Man mußte beim Kochen umlernen, um überhaupt ein genießbares Essen auf den Tisch zu bringen."

dafür waren die Zuteilungen sicherer, solange die Luftbrük-
ke aufrechterhalten werden konnte.

So erlebte es Frau Ostmeier, Jahrgang 1920. Sie lebte
1948 mit ihrer Mutter in Reinickendorf und hatte einen
Säugling zu versorgen:

> *„Die Blockade war schon sehr hart, denn wir haben noch*
> *länger als vorher anstehen müssen, um überhaupt 'was zu*
> *bekommen. Aber ich meine, wir hatten mehr zu essen als*
> *vorher. Sehr viel mehr. Vor allem war ich so froh über das*
> *Milchpulver für das Kind. Damit konnten wir uns ernähren,*
> *und zehn Gramm Kaffee gab's, jede Dekade pro Kopf. Das*
> *war eine Tasse. Ja, alle zehn Tage gab es dann mal 'ne Tasse*
> *Kaffee, eine Delikatesse! Wir haben richtig eine Feier drum-*
> *rum gemacht. Und dieses Eipulver, das war ja so köstlich.*
> *Aber es war gar nicht so leicht, daraus was zu machen. Man*
> *mußte sich umstellen. Da gab es z. B. so Trockenkartoffeln,*
> *die sahen aus wie Fußspellen, so abgeschabt und getrocknet.*
> *Also, damit konnte man keine Salzkartoffeln zaubern. Die*
> *Schnippel schmeckten so eklig nach Veilchen.“*

Von Kriegsende bis zum Ende der Blockade im Mai 1949
war die Versorgung der Berliner mit Lebensmitteln unzurei-
chend. Es wurde nie so viel gehungert und gefroren wie in
diesen Jahren. Hauptsächlich war es den Frauen zu verdan-
ken, daß das Leben – in Trümmerstaub und mit Trockenmilch – in Gang gehalten wurde. Ihr Einfallsreichtum bei
der Produktion von Gebrauchsgütern, ihre unbezahlte Arbeit bei der Wiederherstellung von Wohnraum, die Ernte aus
Gemüse- und Obstanbau, die Weiterverarbeitung von Nahrungsmitteln und die Herstellung von Kleidung entlasteten
die „offizielle“ Wirtschaft erheblich. Erst durch diese Entla-
stung wurde eine Konzentration auf die Ankurbelung der
industriellen Produktion ermöglicht.

7.

Hannelore König, Jahrgang 1934,
eine Lebensgeschichte

Hannelore König wurde 1934 in Berlin-Mitte geboren. Sie wuchs im Nationalsozialismus auf und erlebte die Kriegsjahre als Kind. Für Hannelore war der Eintopfsonntag ebenso selbstverständlich wie der Schritt zum Jung-Mädel, „schließlich war doch meine ganze Klasse dabei". Als sie sieben Jahre alt war, 1941, wurde ihr Vater, von Beruf Friseur, eingezogen, und sie blieb mit ihrer Mutter und der etwas älteren Schwester alleine. Sie hat die ersten Kriegsjahre anders erlebt als die Erwachsenen und erinnert sich auch ganz anders an jene Zeit. Für sie waren andere Details und Erlebnisse bedeutsam als für die Generation ihrer Mutter oder ihres Vaters. Die Bombenangriffe der Jahre 1942/43 gehörten für sie zum Alltag, „Frieden hatten wir Kinder ja kaum gekannt". Die Bedrohung und die Angst vermischten sich in ihrer Erinnerung mit kindlichen Freuden und Ereignissen.

„Und das war dann so. Also für uns Kinder damals noch, 1942, war es mitunter noch 'n kleiner Sport, mit 'nem bißchen Freude verbunden. Wenn nämlich Alarm war nach Mitternacht, brauchtest du am nächsten Tag nicht in die Schule, war vor Mitternacht Alarm, mußtest du in die Schule. Stell dir das mal vor, da haben wir uns dann noch gefreut, also, Alarm kam ja sowieso. Dann haben wir nur darauf gewartet, daß er nach Mitternacht kam und wir schulfrei hatten."

1943 wurde ihr Haus bei einem Bombenangriff getroffen, die Wohnung der Königs brannte aus. Die Familie zog zu den Großeltern, die in einem Dorf in der Nähe von Küstrin

Abbildung 31

ein kleines Haus hatten. Dort kam die ganze Familie zusammen. Hannelore, Mutter und Schwester, die Tante mit ihrem Baby, eine weitere Tante mit zwei kleinen Kindern und natürlich die Großeltern fanden sich dort zusammen.

Die Evakuierung war für Hannelore kein schmerzlicher Einschnitt in ihr Leben. Die Vorzüge, die der Landaufenthalt einem Kind bot – neue Spielmöglichkeiten, genug zu essen, andere Spielkameraden –, versöhnten sie mit der Lebensumstellung. Sie ging dort genau so zur Schule wie vorher auch.

Im Januar 1945 wurde die Schule geschlossen und zu einem Lazarett umfunktioniert. 14 Tage später marschierte die russiche Armee in das Dorf ein. In Hannelores Erinnerung – sie war damals elf – blieben vor allem die anschließenden Plünderungen hängen:

„*Wir als Kinder haben damals überhaupt noch nichts verstanden, denn es war ja so: Wir kannten Russen nur aus dem Gefangenenlager und in Lumpen. Was wußten wir, was das für ein Volk ist? Gar nichts wußten wir. Wir kannten ja nur Deutschland und was wir in der Schule gelernt haben. Also, geplündert haben die Russen wie Teufel, wobei wir dann kräftig mitgeholfen haben. Das heißt, wir haben mal einen kleinen Ausflug in eine Konservenfabrik gemacht, wo Marmelade hergestellt wurde. Und da haben wir uns jede Menge Erdbeeren geholt, Erdbeergläser, so ganz große Erdbeergläser, und die haben wir dann aufgegessen. Soviel Erdbeeren wie wir von der Oma aus dem Garten niemals gekriegt hätten. Und meine Oma hat geschimpft: ,Wie könnt ihr in die Fabrik gehen und die Gläser holen!?' Ja, wir haben sie geholt. Die Russen haben die stehenlassen. Die haben bloß alles kaputtgemacht, die haben doch alles verwüstet. Und da haben wir Kinder was organisiert. Daß es Unrecht war, wußten wir. Aber wir wußten auch, daß alles zu Ende war. Warum sollten wir nicht nochmal Erdbeeren essen?*"

Kurz darauf mußten die Königs das Haus verlassen, weil es von der Besatzungsmacht beschlagnahmt wurde. Da zu jener Zeit die Front zwischen Küstrin und Berlin verlief, war an eine direkte Rückkehr nicht zu denken. Also brachen die Königs, fünf Erwachsene, fünf Kinder, Richtung Osten auf. Die erste Nacht verbrachte der Treck im Wald. Jeden Tag kam er durchschnittlich 25 Kilometer weit, manchmal etwas weniger, wenn die kleinen Kinder nicht mehr konnten.

„*Der eine war sechs Jahre alt, einer zwei Jahre alt und das Mädchen, das Baby, im Kinderwagen. Und meine Tante, die mußte dann unterwegs noch das Kind stillen, auf der Straße, im Gehen. Die hatte den Kinderwagen, und wir hatten den*

Handwagen, und wir immer hinterher. Opa hat gezogen,
die anderen haben geschoben und haben sich festgehalten.
Wir zogen in Etappen bis nach Landsberg an der Warthe.
Dort fanden wir eine leere Wohnung, da sind wir erst einmal
eingezogen. Wir Kinder waren soweit, daß wir wußten, was
Brot auf russisch heißt, und was Butter heißt. Wenn ein Lkw
mit Russen ankam, bin ich betteln gegangen, dann hab' ich
um Brot gebeten und um Butter. Wir haben geweint und
gesagt: ,Wir sind allein, unsere Mutter arbeitet auf dem
Flugplatz, sie ist nicht zurückgekommen.' Und dann haben
wir echte Tränen fallenlassen und haben ein Stück Brot ge-
kriegt. Da ich weißblond war, hieß es immer Blondinka,
und Blondinka hat immer was gekriegt. Ich kam immer

Abbildung 32: Endlose Karawanen von Flüchtlingen kommen aus den
Ostgebieten nach Berlin.

freudestrahlend nach Hause und brachte irgendwas mit. So 'n kleines Stückchen Kommißbrot oder sogar ein kleines Stückchen Speck und einmal sogar einen Beutel mit Hirse. Das war natürlich ein ganz großes Wunder.

Wir sind durch die leeren Häuser gestreift und haben geguckt, wo wir noch etwas finden können. Backpulver, Vanillepulver und Pudding oder irgend so 'was lag noch im Küchenschrank. Und das haben wir dann einfach mitgenommen.

Wir lernten auch russische Soldaten kennen, die mit siebzehn in den Krieg mußten. Und die erzählten dann auch von zu Hause, von ihrer Mutter, die auf die Kinder wartet, daß sie wieder heil nach Hause kamen. Und da war dann schon ein bißchen Verständigung da.

Im Mai kamen die Russen und brachten auf einmal Getränke und Speck und Butter und Brot, und wir sollten feiern. Berlin war gefallen. Also, wir waren befreit. Wir haben zwar nicht dran geglaubt, wir waren ja schließlich Deutsche, und als Deutsche haben wir natürlich gehofft, daß die Deutschen siegen, ist doch logisch. Das war natürlich glatter Irrsinn. Ich kann nicht sagen, ich hab' daran geglaubt, daß ich befreit werde, oder ich habe daran geglaubt, daß die Russen gut sind oder irgendwas, gar nichts war. Mir war das Wichtigste, wir hatten den Garten, da konnten wir reingehen, ohne daß wir belästigt wurden. Und wir hatten 'ne Puddingtüte und vielleicht 'nen Löffel Zucker, und da haben wir uns aus Steinen 'nen kleinen Ofen draußen gebaut und haben den Blechtopf draufgestellt und haben den Pudding gekocht."

Als sie hörte, Berlin sei gefallen, wollte die Mutter sofort zurück. Sie brachen unverzüglich auf. „Wir haben ständig darüber nachgedacht, was unsere andere Großmutter in Berlin macht. Da wollten wir nur nach Hause", erinnert sich Frau König. Unterwegs wurden sie von russischen Soldaten aufgehalten und gezwungen, auf dem Feld zu arbeiten. Bis sie endlich weiterziehen durften und zu Fuß und per Lkw in Berlin ankamen, war es Juni. Ein Vierteljahr hatte die Odys-

Abbildung 33: „Wir waren wochenlang unterwegs von Pommern bis Berlin. Da blieb uns gar nichts anderes übrig als im Freien zu kampieren. Wir haben ein paar Steine aufgeschichtet und darunter Feuer gemacht, das war dann unser Notherd."

see der Königs zurück nach Berlin gedauert. Dort erfuhren sie, daß die Großmutter noch lebte und bei Freunden untergekommen war. Da die Wohnung der Königs vollkommen zerstört war, zogen sie zu ihr.

„Wir haben in dem Berliner Zimmer schlafen dürfen. Da ist natürlich jeden Morgen die ganze Horde durchgetrampelt. Das gab bald Streit. Und da hat meine Mutter für uns eine eigene Wohnung organisiert. In dem Haus stand eine Wohnung leer, die gehörte einer Lehrersfrau. Sie ist in eine 1-Zimmer-Wohnung gezogen, und wir haben ihr dafür Brot, Mohrrüben und Butter und Zucker geschenkt. Dafür kriegten wir die Wohnung. Und die Hausbesitzerin mußten wir ebenfalls mit Naturalien bestechen, was auch geklappt hat. Wir sind da eingezogen und hatten erst mal ein Dach

überm Kopf, Säcke vor den Türen und ein Bett. Die Woh-
nung war in einem katastrophalen Zustand. Vorne war die
Mauer raus, vor den Fenstern waren Bretter. Aber wir gin-
gen zur Schule, das war das Wichtigste. Und wir hausten alle
zusammen in der Küche. Da hatten wir zwei Betten aufge-
stellt. Von 'ner Tante hatten wir 'ne Couch gekriegt. Ein
Bett war eine Matratze mit Federkern, eine Unterlage auf
vier Mauersteinen. Schläft sich gut drauf. Eine Matratze im
Zimmer, eine in der Küche. Wir hausten erst mal in der
Küche, denn da war der einzige Ofen, der zu heizen war.
Die Wand zum Korridor war gesprengt, die hing nur so in
Fetzen runter. Wir hatten dann Säcke davor. Und nachts
brannte immer Licht im Korridor, damit niemand einbrach.
Wir mußten die Bretter vor den Fenstern nur etwas abstüt-
zen. Wir hatten ja keine Hilfsmittel, gar kein Werkzeug. In
den Wänden unter den Fenstern waren auch Löcher, davor
hatten wir Steine gestapelt. Man konnte die Steine rausneh-
men und nach außen durchgehen. Es hat ewig gedauert, bis
die Mauern gezogen wurden."

Auch in Berlin organisierten die Kinder Lebensmittel. Sie
fuhren, wann immer es möglich war, in die umliegenden
Orte, kauften Brot ein und verkauften es wieder nach Tages-
kurs auf dem Schwarzmarkt. Sie machten damit „gute" Geschäfte. Trotzdem konnten die Königs kaum davon leben.
Die Mutter mußte als Trümmerfrau arbeiten, die Kinder
gingen manchmal auch mit, um Holz aus den Trümmern zu
holen.

„Das war sehr gefährlich, aber wir hatten ja nichts zum
Heizen. Nachts sind wir – das kann ich laut sagen, das
haben alle gemacht – Kohlen klauen gegangen am Bahnhof.
Und dann bin ich auch mit meiner Oma in den Wald gefah-
ren, mit der Straßenbahn raus nach Rahnsdorf. Dort haben
wir Holz gelesen, Kienäppel im Wald, und mit dem Sack
sind wir abends wieder zurück. Wir waren schon sehr
aktiv."

Eine weitere Erinnerung für Hannelore König war der
Wiederanfang der Schule. In die Schule zu gehen, bedeutete

für sie, daß ihr (Kinder-)Leben wieder geregelt war. Sie erinnert sich genau an ihren Schulweg durch zerstörte Straßenzüge, vorbei an zerbombten Häusern, Schutt- und Steinhaufen. Ganz besonders eingeprägt hat sich ihr, daß sie selbst im kalten Winter 1945/46 in die Schule mußte.

„Und was ja das Schlimmste war, 1945/46, da waren ja 22 Grad Kälte.

Unterricht fand nicht statt, was wir natürlich sehr gelobt haben, ist ja bei Kindern immer so. Von uns aus hätte die Schule ja auch mitabbrennen können. Aber wir mußten hin bei 22 Grad minus. Es war verboten, sich hinzusetzen. Wir standen in der Klasse und trampelten, Kohlen waren nicht da. Dann kriegten wir unsere Sauerkrautsuppe, die wurde ausgeteilt, die durften wir noch essen. Wenn was übrigblieb, konnten wir noch was mit nach Hause nehmen. Und dann kriegten wir unseren Aufsatz, den wir zu Hause schreiben mußten, durften, wenn wir die Möglichkeit dazu hatten. Ja, wenn wir eine Kerze hatten oder eventuell 'ne Petroleumfunzel.

Und dann hatten wir alle durchweg erfrorene Finger und erfrorene Füße noch von der Flucht. Dann bei der Kälte mit den aufgedunsenen roten Fingern, die vollkommen aufgequollen waren, Schularbeiten machen. Ja, das war ein Ding der Unmöglichkeit, aber wir mußten. Wir konnten uns natürlich auch mal entschuldigen, wir hatten keine Kerze zu Hause. Da wurde auch mal geschwindelt, die Kerze war schon da, aber man hat eben doch nicht gearbeitet, weil man vielleicht zu müde war oder Hunger hatte.

Und, wie gesagt, man brauchte auch viel Zeit, um rauszufahren, um Nahrung ranzuschaffen. Das war ja weitaus wichtiger. Aber unsere Pflichtzeit haben wir eingehalten. Gefehlt haben wir natürlich auch, wegen Krankheit und dergleichen. Dann wurden wir entlaust, das war auch schon geregeltes Leben, da gab es 'ne Tinktur, die man sich jeden Tag auf den Kopf schmieren konnte. Dann kriegten wir Frostsalbe gegen die erfrorenen Finger."

Für Frau König waren die Nachkriegswirren völlig normal. Sie war in chaotischen Verhältnissen groß geworden. Für sie war das, was andere als Ausnahmezustand und oft als Bedrohung erlebten, eine Alltäglichkeit. Viele der Kinder, die im Krieg aufgewachsen sind, werden dies ähnlich erlebt haben.

Abbildung 34

„Geordnet war für uns, daß man ein Bett hatte zum Schlafen, daß man Geld kriegte, wenigstens ein paar Pfennig, und etwas zu essen hatte. Wir kriegten Lebensmittelkarten, und das war der Himmel auf Erden, Brot, Zucker und Fett, also das Notwendigste, und das war ja für uns schon ein geregeltes Leben.

Blockade, Schwarzhandelszeit, Anstehen war für uns Kinder völlig normal, wir kannten es ja gar nicht anders. Das war normal. Man mußte eben am Ball bleiben, man mußte eben organisieren können, und man mußte selbstän-

Abbildung 35: 1945 ist fast die Hälfte aller Wohnungen zerstört. Deshalb mußte man sich notdürftig in den Ruinen einrichten.

dig sein. Man war sogar so weit selbständig, daß man gesagt hat, damals schon als Kind, besser ist, du wärst allein, dann würdest du besser durchkommen, tatsächlich. Man war so darauf geeicht, also, wenn du jetzt von dem Treck abkommst, wenn deine Mutter abhanden kommt, oder deine Schwester kommt weg, dann mußt du dich allein durchschlagen, du mußt, das wußte man. Man war so hart, man wußte sogar, daß man eventuell sich das Leben nehmen muß. Später natürlich, als sich wieder alles geregelt hatte, fing man langsam wieder an zu vergessen. Gut, was soll ich sagen, man war selbständig geworden, aber man ist auch wieder ganz schön unterdrückt worden. Nämlich in der Schule. Man mußte ja wieder parieren, man mußte sich ja wieder ducken. Es wurde zwar die Prügelstrafe abgeschafft, aber man mußte wieder gehorchen. Man wurde unterdrückt. Jedenfalls unsere Generation."

Die Rückkehr des Vaters aus der Gefangenschaft erinnert sie als unangenehmen Einschnitt. Hannelore hatte sich daran gewöhnt, mit Mutter, Schwester, Großmutter und den Tanten zusammen zu sein. Sie hatte den Vater nicht vermißt.

„Mein Vater kam dann 1948 aus amerikanischer Gefangenschaft zurück. Er war sechs Jahre weg. Als er in den Krieg ging, war ich erst sieben. Ich kannte ihn ja kaum. Und da war er für mich völlig uninteressant, er hätte auch wegbleiben können. Ja, er war sozusagen damals für uns überflüssig, denn wir kamen ja zurecht. Er war wieder einer mehr, es war wieder einer mehr. Und die Männer sind ja alle krank zurückgekommen, durch die Gefangenschaft. Die meisten haben ja nicht gearbeitet. Mein Vater zum Beispiel hatte einen Arm verloren und hatte Magengeschwüre. Ja, der war krank, der konnte gar nicht arbeiten, der war gar nicht dazu fähig. Im Gegenteil, wir mußten noch mehr dafür sorgen, daß die Familie erhalten blieb, weil wir noch mehr gebraucht haben. Es ist hart, wenn man so 'was sagt, aber wir waren ja eben durch den Krieg völlig selbständig. Er war ja quasi für uns Heranwachsende eine Behinderung, denn jetzt fing die väterliche Erziehung an, die völlig sinnlos war

*und sinnlos ist, denn es sind immer die Mütter, die die Kin-
der erziehen. Also, die Väter brauchen sich weiß Gott nichts
in puncto Erziehung einzubilden, gar nichts, ja, bis heute.*

*Auch später, als Teenager, tanzen gehen, das war nicht
drin. Da hatten wir nämlich unseren Vater. Aus diesem
Grunde liebte ich ihn so sehr. Ja, der hat uns das nämlich
strikt verboten, wir durften nicht. Wir gingen zur Schule,
wir mußten lernen. Wir durften nicht tanzen gehen. Ich habe
nie Boogie-Woogie tanzen gelernt. Nein, wir durften nicht.
Wir hatten ja auch gar kein Kleid anzuziehen, es gab ja
nichts: entweder ein Kleid oder 'was zu essen. Wir hatten
kein Kleid zum Tanzen, wir hatten keinen Nylonstrumpf,
und wir hatten auch keine Pumps. Die ersten Pumps, die
kriegte ich geschenkt von einer Frau eines Kriegskameraden
von meinem Vater. Und das war Schuhgröße 39, aber ich
hatte erst mal 37. Und als ich das erste Mal tanzen war mit
Schuhen Größe 39, ich war so unansehnlich und so un-
scheinbar, also, an Tanzen war nicht zu denken."*

Als 1949 noch ein Bruder geboren wurde, vergrößerten
sich die Schwierigkeiten. Der Vater war arbeitslos. Die Mutter arbeitete als Näherin und machte nun noch zusätzlich
Heimarbeit. Trotzdem durften die beiden Töchter weiterhin
auf die Oberschule gehen, obwohl die Familie es sich kaum
leisten konnte. Es war Anfang der 50er Jahre zudem auch
sehr schwierig, eine Lehrstelle zu bekommen.

*„Um überhaupt mal ein bißchen hochzukommen, haben
wir abends gesessen und Heimarbeit gemacht. Die Zeit des
Organisierens war ja vorbei. Meine Mutter brachte abends
Schals mit, da mußten Fransen rangemacht werden. An einen Schal Fransen ranmachen, brachte, glaube ich, einen
oder zwei Pfennige. Dann haben wir Strickjacken in Heimarbeit zusammengenäht. Damals wurden die Teile noch ein-
zeln gestrickt, und dann wurden die sogenannten Parallelos
zusammengenäht. Das haben wir gemacht. Genau nach Masche. Ich glaube, für einen Parallelo gab es eine Mark zwanzig. Dann haben wir Bommeln an Mützen gemacht und die
Mützen auch nach Maschen zusammengenäht. Wir alle zu-*

sammen hatten an Heimarbeit vielleicht 60 Mark im Monat. Das haben wir täglich gemacht, alle zusammen. Immer nähen, immer nähen. Meine Mutter hat zugeschnitten, hat die Pullis genäht, und ich hab' mit der Repassiernadel die Fäden eingezogen. Und dann wurden die Dinger gebügelt. Das war alles noch während meiner Schulzeit, und es dauerte noch eine lange Zeit, ehe wir überhaupt auf einen grünen Zweig kamen.

Ungefähr 1951 bekam ich vom Arbeitsamt eine Zuweisung für eine Lehrstelle. Ich habe mich während der Schulzeit umgesehen und mich erkundigt, was es so gibt. Und dann wurde mir eine Stelle als Putzmacherin angeboten. Also, ich besuchte noch die Oberschule, da war ich so 17, 18. Und da wurde mir der Beruf einer Putzmacherin sehr schmackhaft gemacht, ja. Ich mußte mir erst mal erklären lassen, was das ist, und mir versprechen lassen, daß die Menschen einmal wieder Hüte tragen werden.

Es hatte keiner einen Hut. Wir hatten eine Mütze, die haben wir uns selber gemacht. Und man brachte uns das dann sehr verständlich nahe: ,Also, Putzmacherin wäre doch ein sehr schöner Beruf für Sie.' Das habe ich strikt abgelehnt. Ich habe mich sogar einmal vorgestellt am Tempelhofer Ufer irgendwo oder Tempelhofer Damm, aber ich war völlig skeptisch. Ich dachte, Hüte machen, damit Geld verdienen, das gibt es ja gar nicht mehr. Für mich gab es damals nur eins: Du mußt entweder im Lebensmittelladen arbeiten, damit du was zu essen hast, besser ist natürlich noch 'ne Fleischerei. Und dann mußt du immer organisieren, du mußt immer ein paar Büchsen im Haus haben, du mußt Süßstoff im Haus haben, du mußt Pfeffer im Haus haben, du mußt Salz im Haus haben. Wenn es einmal was nicht mehr gibt, dann kannst du Pfeffer eintauschen, kannst du Süßstoff eintauschen, da kannst du ... So hat man gedacht, ja, du mußt immer was im Haus haben, womit du wieder Tauschgeschäfte machen kannst, daß du überleben kannst. Aber nun kommt da jemand und sagt, du kannst Hüte machen. Ich hab' gedacht, die spinnt doch wohl ein bißchen.

Dann habe ich mich in Buckow bei einem Schneider vorgestellt. Und da sagte doch der Schneider zu mir: ‚Was, Sie gehen zur Schule, Sie lernen Latein, Englisch und Französisch, und dann wollen Sie Schneiderin werden? Dann gehen Sie mal wieder zurück in die Schule.' So, das war mein Ausflug ins Handwerk. Es war also nichts.

Dann hieß es, man kann wieder die höhere Handelsschule besuchen, wenn man zum Beispiel die mittlere Reife hat, kann man vier Semester zur höheren Handelsschule gehen und dann vor der Industrie- und Handelskammer die Absolventenprüfung machen. Man war dann gleich kaufmännische Angestellte. Man brauchte keine drei Lehrjahre mehr zu machen. Und das hab' ich dann auch gemacht. In zwei Jahren intensiv noch Englisch und Französisch und Handelskorrespondenz gemacht, was übrigens dann für meinen weiteren Lebensweg das Entscheidende war. Man hat also die Schule verlassen mit dem Zeugnis in der Hand. Man war kaufmännische Angestellte, aber man stand auf der Straße, ja. Dann war ich erst mal arbeitslos oder, besser gesagt, ich kriegte Wohlfahrt. Und da ich fast zwanzig war, mußte ich selbst meine paar Pfennig abholen, was sonst der Familienvorstand jede Woche erledigte. Ich habe mich in Grund und Boden geschämt. Ich wollte gar nicht dahingehen, aber ich mußte hin, was anderes habe ich nämlich gar nicht gekriegt. Dann ist mir auf dem Arbeitsamt von der Jugendberaterin, also, wenn ich den Namen von der noch wüßte, ich verdamme sie heute noch, ja, ist mir ein Arbeitsplatz angeboten worden in Kreuzberg, in einer Schraubenfabrik, zum Schraubendrehen, ja. Dafür hatte ich die Schule besucht, das war das Endergebnis. Und dann habe ich von der noch so einen Anpfiff gekriegt, was ich mir denn überhaupt denke, wovon ich leben will, ob ich nicht arbeiten will. Ich sagte: ‚Doch, aber in dem Beruf, den ich erlernt habe.' Und Gott sei Dank, drei Monate später kriegte ich eine Stelle bei der Berliner Bank. Und da war nun die Freude ganz groß, denn ich gehörte dann mit zu den Großverdienern. Ich verdiente dann 1953 im Monat 228 Mark.

Später ging ich in die Industrie, in eine Möbelfirma. Ich

kriegte 187 Mark und Provision. Eine Stunde fuhr ich mit der S-Bahn zu meiner Arbeitsstelle in Lichterfelde-West, j.w.d., zwei Stunden hatte ich Mittagspause, und dann arbeitete ich aber bis sieben.

Und während dieser Zeit habe ich es immer so gedreht, daß ich mittags die zwei Stunden nach Ost-Berlin gefahren bin, mit der S-Bahn bis Friedrichstraße, habe für eine Mark 36 eine Bockwurst gegessen, da war ich satt. Und dann bin ich wieder zurückgefahren und war gerade um drei Uhr

Abbildung 36: Einkaufsregelung
zwischen Ost- und Westsektoren

wieder in der Firma. Und zu der Zeit gab es ein Pfund Äpfel für 50 Pfennig, ein Pfund Kirschen für 50 Pfennig, Weintrauben für 50 Pfennig, und da bin ich manchmal auch am Botanischen Garten entlang spazierengegangen, aber ich bin nie reingekommen, weil es 25 Pfennig Eintritt kostete. Ich habe mir lieber für 25 Pfennig Äpfel gekauft und bin dann draußen am Botanischen Garten entlanggegangen und hab' die Äpfel gegessen. Und dann bin ich wieder zurück in die Firma und hab' weitergearbeitet.

Zu der Zeit habe ich mir mein erstes Kostüm gekauft. Ein graues, zweiteiliges Kleid mit Schoß, Samtaufschlag, für 50 Mark. Das war mein erstes Selbsterworbenes. Zu Hause mußte ich ja auch Geld abgeben, aber, wie gesagt, wir sind so durchgekommen, weil wir quasi immer im Osten gegessen haben und im Westen gewohnt. Und wir konnten eigentlich nur überleben, weil wir, als wir eben nach 1948 das erste Mal Westgeld in den Händen hatten, das eingetauscht haben, eins zu fünf oder eins zu vier, gegen Ostgeld. Denn wir haben nur im Osten eingekauft, wie alle Berliner. Die aus dem Osten sind gekommen, haben hier im Westen ihre Margarine gekauft, und wir sind rübergegangen, haben Mehl gekauft, haben uns Wurst gekauft und vor allen Dingen das Brot, immer nur im Osten. Und wenn ich zur Arbeit gefahren bin, dann für Ostgeld, 20 Pfennig Ostgeld. Damals fuhren hier noch Straßenbahnen, viele S-Bahnen, überhaupt, die S-Bahn war ja damals das Verkehrsmittel. Damit waren wir ja nur unterwegs. Ist traurig, denn es gab ja Zeiten für die da drüben, da hatten die dadurch, daß wir drüben eingekauft haben, teilweise nichts zu essen. Denn die, die im Osten gearbeitet haben, die kamen abends von der Arbeit, und da hatten die aus dem Westen schon alles aufgekauft. Also, es war schon schlimm. Für uns war es die einzige Möglichkeit zu leben, eigentlich die ganzen 50er Jahre lang, für andere war es 'ne ziemlich traurige Geschichte, ja."

Frau König arbeitete seit 1955 in der Möbelfirma und übernahm nach einiger Zeit den Einkauf. 1958 bekam sie von der Firmenleitung das Angebot, eine Filiale in Westdeutschland als Verkaufsleiterin zu übernehmen. Sie nahm das Angebot an und zog in eine Kleinstadt. Anfangs hatte sie Heimweh und große Eingewöhnungsschwierigkeiten, als alleinstehende junge Frau und Großstädterin hatte sie keinen leichten Stand in der Kleinstadt.

„Da bin ich dann sozusagen das erste Mal ins kalte Wasser geschmissen worden. Es war ja der erste selbständige Ausflug ins Leben. Ich war zum ersten Mal von den Eltern weg und dann ja gleich von allem weg. Es war so eine harte Zeit, ich hab' fürchterlich geheult. Das Heimweh war sehr stark. Das zu machen, würde ich heute keinem mehr empfehlen. Trotzdem habe ich es elf Jahre in Westdeutschland ausgehalten. Anfangs bin ich jedes Jahr zweimal nach Berlin

gefahren. Jeden Urlaub nach Berlin, immer nach Berlin zu-
rück. Es war ja auch nicht leicht als alleinstehende Frau in
einer Kleinstadt in Westdeutschland. Das war ja noch viel
schwerer als in Berlin. Das war ja so, daß vor allem die
Männer gedacht haben, wenn du Berlinerin bist, dann wärst
du auch zum Teil Pariserin, so ungefähr. Und die Männer
bilden sich dann ein, eine Frau, die alleine ist, ist Freiwild.
Mit der kann man machen, was man will. Aber da haben die
sich schwer geirrt. Und wenn Männer sich schwer irren,
dann werden sie sauer und unangenehm. Und mit den Ehe-
frauen war es auch nicht so einfach, die waren nicht viel
besser, waren ständig eifersüchtig, obwohl man von ihrem
Mann gar nichts gewollt hat, eben nur mit ihm zusammen-
gearbeitet hat. Und da hab' ich mich viel zurückgezogen.
Aber ich hatte ja Gott sei Dank meinen Beruf. Und mein
Beruf war so, den hatte ich morgens acht Uhr bis abends um
acht Uhr und oft danach noch. Ich bin manchmal erst um
neun oder zehn Uhr aus der Firma gekommen. Das ist so,
wenn man für alles selbst verantwortlich ist.“

In Westdeutschland lernte Frau König auch ihren späteren
Verlobten kennen, mit dem sie die angenehmen Seiten des
Kleinstadtlebens – Feiern, Kegelpartien im Kollegenkreis,
Wochenendausflüge ins Grüne – genoß. Die Beziehung der
beiden festigte sich schnell. Nach einiger Zeit machte er ihr
einen Heiratsantrag. Er träumte von Kindern, einem Haus
und daß es ihnen bald so gut ginge, daß sie nicht mehr
arbeiten gehen müsse. Frau König konnte sich nicht vorstellen, ihren Beruf aufzugeben und „nur“ noch für Mann,
Haushalt und Kinder dazusein. Es kam zu Reibereien zwischen den beiden, und Frau König merkte, daß sie wohl
doch nicht zusammenpaßten. Sie konnte sich einfach nicht
unterordnen, denn die Kriegs- und Nachkriegsjahre haben
sie zu selbständig werden lassen. Nach einiger Zeit wurde
die Verlobung gelöst. Frau König wollte weg und eine räum-
liche Entfernung zwischen sich und die gescheiterte Beziehung bringen. Also ließ sie sich in die Stammfirma nach
Berlin zurückversetzen.

In Berlin konnte sie eine Wohnung in dem Haus bekommen, in dem ihre Eltern wohnten. Im gleichen Haus lebten noch zwei andere alleinstehende Frauen in ihrem Alter, mit denen sie sich schnell anfreundete. Das „Kleeblatt", wie sie sich selber nannten, unternahm viel zusammen. Sie verbrachten ihre gesamte Freizeit und auch ihren Urlaub miteinander. Beruflich ging es ihr in der Firma in Berlin gut, sie mußte sich jedoch immer wieder von neuem durchsetzen.

„Also, man braucht als alleinstehende Frau immer ein doppeltes Rückgrat, und das muß man selber stellen. Denn wenn man sich durchboxen muß, kann man nicht sagen: ,Mann, komm, mach du das.' Das muß man selber tun, ja. Aber das hat dann auch zur Folge, daß man in der Firma zum Beispiel als männerfeindlich verschrien ist, wenn man einem Mann mal die Meinung sagt. Man muß seinen Kopf sehr hoch tragen, und da ich meinen Kopf sehr hoch trage, habe ich auch den Beinamen, daß ich arrogant bin. Aber die anderen verstehen nicht, daß es ganz was anderes ist, daß man nämlich den Kopf hoch tragen muß. Wenn irgendwas ist in der Firma, muß ich mich immer selber durchkämpfen, das tut kein anderer. Macht kein anderer für mich, du mußt immer selber zuschlagen. Und zuschlagen muß man lernen, nicht wörtlich genommen, aber: ,Was willst du, willste was aufs Maul?' Ja, das muß man männlichen Kollegen anbieten. Denn es ist heute immer noch so, daß die Frau in ihrer Aufstiegsmöglichkeit behindert wird. Der Mann drückt einen Knopf mehr, aber er kriegt vielleicht 1000 Mark Gehalt mehr. Und die Frau könnte diesen Knopf auch drücken, wenn man sie hinließe an diesen Knopf."

8.
„Als die Zeiten besser wurden".
Die ‚goldenen' 50er Jahre

Die Aufhebung der Blockade am 12. Mai 1949 hat sich als wichtiger Einschnitt in das Gedächtnis der Berliner eingegraben. Alle Frauen erzählten von dem Räucherfisch, mit dem die Stadt im Mai 1949 förmlich überschwemmt wurde. Sie berichteten, daß über Nacht die Regale in den Geschäften wieder mit den lang ersehnten Lebensmitteln gefüllt waren. Dies hieß jedoch nicht, daß sich jeder diese Waren kau-

Abbildung 37: „Als dann im Mai 1949 die Blockade zuende ging, waren über Nacht die Läden voller Lebensmittel. Ich weiß noch genau, wie wir staunend vor den Schaufenstern standen – plötzlich gab es Lebensmittel, die wir jahrelang nicht mehr gesehen hatten."

fen konnte. Zumeist fehlte den Familien das Geld, um sofort größere Einkäufe tätigen zu können.

So war es auch bei Frau König. Für ihre Familie verschlechterte sich die materielle Lage gerade zu dem Zeitpunkt, als angeblich alles schlagartig besser werden sollte. Die Geburt ihres Brüderchens 1949 und die Arbeitslosigkeit des kriegsversehrten Vaters strapazierten das ohnehin knappe Haushaltsbudget der Königs aufs äußerste.

Die Familie versuchte, durch schlecht bezahlte Heimarbeit über die Runden zu kommen, doch blieb ihre finanzielle Lage auch Anfang der 50er Jahre angespannt; sie mußte eisern sparen, für größere Anschaffungen blieb kein Geld.

Viele Berliner Familien erlebten die Wende zu den „goldenen 50er Jahren" ähnlich wie die Königs. Durch die Nachkriegsjahre und die Zeit der Berlin-Blockade waren Ersparnisse aufgezehrt, der Hausrat verhamstert oder auf dem Schwarzmarkt eingetauscht. Die vielen „Alleinstehenden" waren besonders schlecht dran, denn sie verfügten kaum über Reserven.

Die Währungsreform traf arm und reich unterschiedlich und verschärfte die sozialen Gegensätze. Es ist ein Mythos, daß alle Deutschen nach der Währungsreform „gleich" dastanden. Die Sachwerte und Liegenschaften blieben von der Reform unangetastet, was vor allem Unternehmern und wohlhabenden Familien zugute kam. Die kleinen Sparer waren die Leidtragenden der Reform, denn ihre Spareinlagen wurden im Verhältnis 10:1 umgetauscht. Nicht alle haben also mit nur 40 Mark angefangen.

Frau Hildebrandt schildert, wie ihre Familie die Währungsreform erlebte. Sie wohnte damals mit ihrer Mutter und Großmutter in Spandau und versorgte mit ihrem Einkommen die beiden Frauen. Vater und Großvater waren im Krieg gefallen:

„Ich hatte nun die Verantwortung für zwei alte Leute. Meine Mutter war nicht mehr jung, und meine Großmutter war noch älter. Meine Mutter hat von meinem Vater keine Rente gekriegt, denn er war selbständig und hatte nicht ge-

*klebt. Und bis sie eine Kriegsrente bekam, das hat bis 1953
gedauert. Es war aber so wenig, daß sie davon nicht leben
konnte. Und meine Großmutter war auch so ein Fall. Mein
Großvater war ein reicher Mann. Er hat von den Zinsen
seiner Aktien gelebt. Na, und durch die Währungsreform
hat sie alles verloren. Nur für die kleinen Ersparnisse, die sie
im Westen hatte, hat sie etwas gekriegt. Aber das war ja
auch nicht viel: Für 100 Reichsmark gerade mal 10
D-Mark. Nun stand sie mit 80 Jahren vor dem Nichts. Mein
Großvater hatte sein Auskommen gehabt, sie dagegen
brauchte nur zur Bank zu gehen, und plötzlich war kaum
noch etwas da. Nein, das ging ihr nicht mehr in den Kopf.
Und dann kamen die Schwierigkeiten. Nun wurde meine
Großmutter krank und mußte ins Krankenhaus. Sie war in
keiner Krankenkasse. Na, und so viel habe ich auch nicht
verdient. Dann hat meine Mutter gekämpft. Meine Mutter
war eine sehr wendige Person. Sie ist von Pontius zu Pilatus
gelaufen, damit meine Großmutter als Familienmitglied in
meine Krankenkasse miteingetragen wurde. Das war gar
nicht so einfach, weil wir nur Frauen waren, aber sie hat es
dann geschafft, und so bin ich um die Krankenhauskosten
gekommen.“*

Ziel der Währungsreform war, die Kaufkraft des Geldes
wieder herzustellen. Dadurch erlangte das Einkommen in
Form von Lohn oder Gehalt wieder seine Bedeutung, die
jahrelang außer Kraft gesetzt war. Waren konnten nun wieder zu festen Preisen gekauft werden, die Produktion von
Waren für den eigenen Bedarf, Hamstern oder Tauschgeschäfte verloren ihren Stellenwert. Ab den 50er Jahren wurde es für Frauen deshalb immer wichtiger, eine gute Stelle
mit gesichertem Einkommen zu bekommen. Viele mußten
ihre bisherigen Tätigkeiten – Handeln, selbständige Güter-
produktion, Handwerk – aufgeben, da sie nicht mehr renta-
bel waren.

Diese Entwicklung war nicht für alle Frauen positiv, und
manchen ging es Anfang der 50er Jahre schlechter als in den
Jahren zuvor. Denn Frauen wurden auf dem Arbeitsmarkt

empfindlich benachteiligt. Zum einen gab es für sie wesentlich weniger qualifizierte Stellen als für Männer: 1950 gab es nur 1 481 weibliche gegenüber 32 447 männlichen Facharbeitern. Zusätzlich war das Ausbildungsniveau für Mädchen in den 50er Jahren sehr niedrig. Für viele junge Frauen war es gerade Anfang der 50er Jahre fast unmöglich, nach der Schule einen Arbeits- oder Ausbildungsplatz zu bekommen. Auch Frau König war davon betroffen. Sie ging 1951, nachdem sie sich vergeblich um einen Ausbildungsplatz bemüht hatte, zurück zur Schule.

Auch was die Lohnhöhe betraf, wurden Frauen diskriminiert. Sie verdienten höchstens zwei Drittel dessen, was Männer für die gleiche Arbeit bekamen. Ein männlicher Facharbeiter verdiente im März 1950 in West-Berlin im Durchschnitt wöchentlich DM 64,28 brutto, eine Facharbeiterin DM 39,42. Dies zeigt, wie schlecht die finanzielle Situation vieler Frauen im Vergleich zu ihren männlichen Kollegen ausgesehen haben muß (vgl. Tab. 9).

Das Lohneinkommen reichte für Alleinstehende und deren Angehörige kaum zum Leben. Mehr als die Hälfte des Einkommens mußte Anfang der 50er Jahre für Lebensmittel ausgegeben werden, Miete, Heizung, Strom und kleinere Anschaffungen rissen ein tiefes Loch in die knappe Haushaltskasse. Allein ein Paar Damenschuhe kostete 1950 DM 29,60 und ein einfaches Damenkleid bereits DM 58,–. Die Frauen mußten eisern sparen. Aus dieser Zeit berichtet Frau Friedrich, Jahrgang 1923, aus Reinickendorf:

„Und ich mußte die ganzen Jahre für meine Mutter und meinen Bruder sorgen. Die hatten ja nichts. Meine Mutter hat erst ab 1952 eine Witwenrente bekommen, und die war so niedrig, daß ich von meinem Lohn abgeben mußte. Also, wenn ich mit meinen 180 Mark Gehalt nach Hause kam, hab’ ich immer gesagt: ‚Bald spannst du ’ne Strippe an der Tür, damit ich gleich Kopf steh’ und mir alles aus den Taschen fällt.‘ Ich hatte eigentlich gar kein Geld für mich übrig. Ich konnte mir überhaupt keine Garderobe kaufen. Ja, darunter habe ich ziemlich gelitten. Ich hatte Kolleginnen, *die im Elternhaus nichts abgeben mußten und die sich viel leisten konnten, während ich Ernährer war und alles machen mußte. Das war manchmal gar nicht schön. Das ist eigentlich immer so geblieben, solange meine Mutter lebte. 1963 ist sie gestorben. So lange mußte ich für sie da sein und auch für meinen Bruder, denn der ging noch zur Schule."*

Erschwerend kam für Frauen die zunehmende Erwerbslosigkeit hinzu, von der in den frühen 50er Jahren in West-Berlin und in den Westzonen über 2 Millionen Menschen betroffen waren. In Berlin war die Quote der Erwerbslosen besonders hoch, da schon während der Blockade und der drohenden endgültigen Teilung von Ost und West eine Reihe von Betrieben die „Insel" West-Berlin verlassen hatte. Mehr als 50 Großbetriebe, darunter Wintershall, Lorenz und einige Versicherungskonzerne, verlegten ihre Produktionsstätten in die Westzonen. Die damit verbundene Einbuße von Arbeitsplätzen ließ die Erwerbslosenzahlen in Berlin noch schneller ansteigen als in den Westzonen. Die Krise traf Frauen härter als Männer; nach der Statistik des Landesarbeitsamtes Berlin waren 1951 in West-Berlin 277 449 Personen arbeitslos gemeldet, davon waren 42,4 % Männer und 57,6 % Frauen (vgl. Tabelle 11).

Bei der Besetzung der ohnehin knappen Stellen wurden Kriegsheimkehrer vorgezogen und Frauen in schlechter bezahlte Tätigkeitsbereiche abgedrängt. Wurden sie nicht arbeitslos, mußten sie geringere Löhne in Kauf nehmen. Die Beschäftigung von Frauen in typischen Männerberufen, die in den unmittelbaren Nachkriegsjahren weit verbreitet war, wurde wegen der Rückkehr der Männer und der Wiederinkraftsetzung von Frauenarbeitsschutzbestimmungen schrittweise abgebaut. Während im Jahr 1946 im Bau- und Baunebengewerbe 49 711 Frauen arbeiteten, waren es Ende 1950 11 146. Auch in anderen Berufsgruppen verloren Frauen aus diesen Gründen ihre Arbeit. Das Risiko, arbeitslos zu werden, war für Frauen größer als für Männer. Jede fürchtete sich vor Entlassung.

Die „Alleinstehenden" traf eine Kündigung oder die Unsicherheit des Arbeitsplatzes genau so hart wie einen männlichen Haushaltsvorstand einer sogenannten vollständigen Familie. Denn in der Regel waren sie nicht allein, sondern ihre Angehörigen – Mütter, Großmütter, kleinere Geschwister, Kinder – waren auch auf ihr Einkommen angewiesen. Der Verlust des Arbeitsplatzes bedeutete für Frauenhaushalte, daß sie mit ihren Einkünften unter die Armutsgrenze sanken.

Die Einführung des Bundesversorgungsgesetzes, das die Versorgung der Kriegsopfer und Hinterbliebenen ab den 50er Jahren regelte (vgl. Zeittafel), konnte die materielle Schlechterstellung der alleinstehenden Frauen und ihrer Familien nicht auffangen, da die Mindestsätze der Witwen- und Waisenrenten sehr niedrig waren. Erst 1957 verbesserte sich die Lage der Hinterbliebenen allmählich. Durch die Rentenänderung der damaligen Bundesregierung wurden die Witwen- und Waisenrenten um durchschnittlich 80 % erhöht (vgl. Zeittafel).

Insgesamt verbesserte sich die Lage der Alleinstehenden und ihrer Familien langsamer als bei den sogenannten vollständigen Familien mit einem Mann als Haushaltsvorstand. Die „goldenen 50er Jahre“ und das „Wirtschaftswunder“ erlebten viele Alleinstehende erst ab Mitte der 60er, manchmal erst in den 70er Jahren.

Frau Schuhmacher, Jahrgang 1922, die damals mit ihrer Mutter und ihrem kleinen Sohn zusammenlebte, berichtet, wann für sie das Leben besser wurde:

„Erst einmal habe ich nicht viel verdient, und sonst hatte ich ja nichts. Und das war damals sehr schwer für mich alleine. Ich habe ein hartes Leben hinter mir, wobei ich sagen muß, daß es mir seit 1970 besser geht. Es hat so lange gedauert, weil ich nur alleine verdient hab'. Und der Junge hat sehr viel Geld gekostet. Solange er zur Schule ging, hat er alle Nase lang etwas gebraucht. Ich habe 1950 wieder angefangen zu arbeiten, und da kam er gerade zur Schule. Das hat alles viel Geld gekostet, und soviel habe ich auch nicht verdient. Und Möbel wollte ich mir auch anschaffen,

wir hatten ja nichts mehr, war alles verhamstert. Und mal ein bißchen was Hübsches zum Anziehen, ich war ja eine junge Frau, ich wollte schon ab und zu etwas zum Anziehen haben. Ich kann mich noch gut an meine ersten Nylonstrümpfe erinnern. Die hab' ich nur am Sonntag angezogen. Und wenn mal eine Masche gefallen ist, hat man sie selber wieder hochgezogen. Und eh' ich mich dann so etabliert habe wie jetzt, brauchte ich noch einige Jahre. Als der Junge dann aus dem Haus war, 1965, ging es besser. Und 1970, das kam hinzu, war mein kleiner Sparvertrag fällig. Das hat mir natürlich sehr geholfen. Ich habe zu einer Zeit gespart, wo ich mir eigentlich die 50 Mark nicht leisten konnte im Monat. Aber das Geld reizte mich doch zu sehr, das Geld, das ich dann später ausgezahlt bekommen habe. Ich habe gespart und gespart und gespart. Ich bin eben noch aus der Generation, die Darben und Hungern gewöhnt war und den Groschen hat dreimal umdrehen müssen. Das war in den 50er Jahren auch so. Man war daran gewöhnt. Das Wirtschaftswunder kam bei mir viel später. Seit 1970, kann ich sagen, bin ich aus dem Schneider. Und das ist, Gott behüte, 13 Jahre her."

Auch für Frau Friedrich, Jahrgang 1923, die mit ihrer Mutter und ihrem kleinen Bruder zusammenwohnte, wurde das Leben erst ab Mitte der 60er Jahre leichter:

„Besser geworden ist es für mich eigentlich erst ab 1965. Mein kleiner Bruder war dann schon aus dem Haus, und meine Mutter lebte nicht mehr. Vorher mußte ich alleine für die beiden sorgen, und soviel verdient habe ich auch nicht. Ab da konnte ich mir ab und zu mal etwas von meinem Lohn leisten. Aber ich sehe es heute so, um so mehr habe ich mein Leben später genossen. Also, genießen konnte ich auch nur in einem gewissen Rahmen, aber ich wußte es zu schätzen, absolut zu schätzen. Ab 1970 bin ich dann die ersten Male in Urlaub gefahren, das war schön. Na, und dadurch, daß ich immer gearbeitet habe, hab' ich natürlich auch heute 'ne ganz gute Rente."

Abbildung 38: Nissenhütten gibt es aufgrund der Wohnungsnot bis in die 50er Jahre hinein. Diese hier standen 1949 am Bahnhof Halensee.

Ein anderes Problem, unter dem alleinstehende Frauen mit ihren Angehörigen litten, stellte die über Jahre andauernde Wohnraumnot dar. 1950 lebte in West-Berlin noch die Hälfte aller Haushalte zur Untermiete. Nur allmählich minderte der ab 1949 einsetzende Bauboom dieses Problem. Glücklich konnten jene Frauen sein, die nicht ausgebombt waren oder deren Wohnungen leichte Schäden aufwiesen, die selbst ausgebessert werden konnten. Diejenigen, die ihre Wohnung verloren hatten, mußten noch lange zur Untermiete wohnen oder in Notunterkünften hausen. Unter „Notwohnungen" verstand man damals Keller- oder Dachgeschoßunterkünfte, die nicht zum dauernden Wohngebrauch hergerichtet waren. „Notwohnräume" waren Behelfsheime, Wohnbaracken, Nissenhütten, Bunker, Wohnlauben oder abgestellte Eisenbahnwaggons. Noch 1955 gab es viele solcher Unterkünfte.

Alleinstehende Frauen, die nicht mit anderen Familienangehörigen zusammenlebten oder sich mit einer Freundin zusammentaten, hatten es besonders schwer, eine eigene Wohnung zu bekommen. Denn die neu gebauten Wohnungen waren vorwiegend für Familien konzipiert. Einer alleinstehenden Frau stand nach Ansicht der Behörden nur ein Zim-

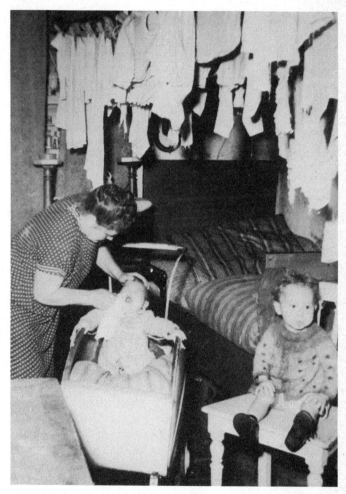

Abbildung 39: Noch 1952 leben viele Familien in Notunterkünften wie hier in einem ehemaligen Kohlenladen in der Wildenowerstraße 20 in Berlin. In dem einen Raum leben 9 Personen.

mer mit Kochnische zu, und diese „Kleinstwohnungen" waren selten. Auf einer Tagung alleinstehender Frauen im Jahr 1955 wurden die Wohnungsprobleme der Alleinstehenden aufgegriffen:

> *„Nichts ist schlimmer als das Dasein einer Untermieterin oder eines ‚möblierten Fräuleins‘ auf Jahre hinaus. Es ist ja nicht die Schuld der Alleinstehenden, daß sie alleinstehend geblieben sind. Jede Baugesellschaft sollte die Aufgabe bekommen, bei Bauvorhaben eine gewisse Anzahl von Kleinstwohnungen im sozialen Wohnungsbau zu errichten."*

Für viele alleinstehende Frauen blieb der Umzug in einen Neubau noch lange ein Traum. Frau Ostrowski, Jahrgang 1921, erzählt, wie schwierig es für sie war, eine eigene Wohnung zu bekommen:

> *„So ungefähr 1953 bin ich aus dem möblierten Zimmer raus und hab’ ’ne Wohnung in der Karl-Marx-Straße gekriegt. Eine Einzimmer-Wohnung ohne Strom, ohne Gas, mit Außentoilette. Aber ich konnte zuschließen, und es war meins. Ich hab’ mir dann Strom legen lassen und hab’ elektrisch gekocht. Die Außentoilette, die konnte ich natürlich nicht ersetzen. Das war so: Vom Hof kam man durch ’ne Doppeltür, und dann waren Sie in der Küche, und von dort aus mußten Sie drei Stufen hoch, dann waren Sie im Zimmer. Und das Zimmer war unterkellert. Und dann bin ich mal runtergegangen in den Keller, und da hab’ ich gesehen, daß von unten alles abgestützt ist. Das hatte ich vorher nicht gewußt. Das war nämlich eine dieser Notwohnungen, die es damals gab. Aber ich war ja heilfroh, daß ich überhaupt eine Wohnung hatte. Und dann hab’ ich die Küche, alles neu machen lassen. Meine Tochter hat in der Küche geschlafen, und ich habe im Zimmer geschlafen, damit wir beide uns nicht stören. Aber eines Tages denke ich, ‚Mensch, was ist denn da in der Küche unter dem Bett?‘ Und da war unter ihrem Bett so ein Pilz. Ich habe mir den ganz sachte abgemacht und in Zeitungspapier gewickelt, und damit bin ich zum Wohnungsamt gegangen. Ich komme rein und lege das*

Paket mit dem Pilz auf den Tisch. Die Herren haben gleich daran geschnuppert. ‚Das riecht ja so nach Pilz.‘ ‚Ja‘, sag’ ich, ‚ich hab’ ’ne Champignonzucht zu Hause.‘ Und dann habe ich ausgepackt, und sie sind mit dem Pilz durch das ganze Wohnungsamt gelaufen. Na ja, und dann haben sie mir ’nen Prüfer geschickt. Dann hat der gesagt: ‚Also, wissen Sie, Tausende würden Sie beneiden.‘ Weil ich nun alles so schön hatte machen lassen. Dann kam noch ein anderer Prüfer, mit dem habe ich Kaffee getrunken, und wir haben uns unterhalten. Der hat gesagt, er würde versuchen, irgendwas für mich zu tun. Das war 1954. Da kriegte ich dann die Wohnung hier zugewiesen. Und seitdem wohne ich hier. Normalerweise stand mir bloß ’ne Kochstube zu. Eine Frau mit Kind bekam nur eine Kochstube, mit Kochgelegenheit im Zimmer, und dann meistenteils die Toilette auf der Treppe. Und hier hatte ich nun Stube und Küche. Als ich hier die Wohnung kriegte, 1954, das war eine richtige Erlösung. Da hatten noch viele Frauen keine richtige Bleibe. Ich war ganz glücklich. Im September 1954 bin ich hier eingezogen. Ich war die erste Mieterin in dem Haus. Jetzt wohne ich fast dreißig Jahre hier drin. Und langsam konnte ich mir dann Stück für Stück kaufen, womit ich mir meine Wohnung eingerichtet habe. Wahrscheinlich hänge ich deswegen so an jedem einzelnen Stück, weil alles so zusammengewürfelt ist.‘

Alleinstehende Frauen konnten sich erst spät Möbel- und Einrichtungsstücke leisten. In den meisten Altbauwohnungen standen bis weit in die 60er Jahre die Möbel, die der Krieg verschont hatte und die nicht als Heizmaterial verwendet worden waren. Auf der Suche nach etwas Neuem, das dennoch preiswert sein mußte, bauten viele Frauen alte Möbel um, sägten Verzierungen ab oder strichen sie neu. In Neubauwohnungen war meist kein Platz für große Möbel aus Altbauwohnungen, so daß Neuanschaffungen nötig wurden. Für die engen Wohnungen empfahlen Einrichtungs- und Frauenzeitschriften die verschiedensten Verwandlungsmöbel: Klappbett im Schrank oder Schlafcouch mit Bettka-

*Abbildung 40: Eine Reise in den Süden, meist nach Italien, ist der
Traum aller Deutschen.*

sten, zusammenklappbare Tische, herunterklappbare Bänke
und hochklappbare Stühle, die vollständige Küche im
Klappschrank.

Eine eigene Wohnung bedeutete für viele Frauen einen
Schritt in Richtung Normalisierung des Lebens; Freizeit und
Urlaub hingegen hießen für sie, am Wohlstand zu partizipieren. In den 50er Jahren kam es zu einer ersten Reisewelle,
und Italien wurde zum Traumreiseziel vieler Deutscher. Für
die alleinstehenden Berlinerinnen waren Reisen in die Westzonen oder ins Ausland – später als für viele andere – meist
erst in den 60er oder 70er Jahren möglich. Oft wurde der

Urlaub auf dem Balkon verbracht, oder die Badereise ging zum Glienicker oder Wannsee.

Alleinstehende Frauen waren in den 50er Jahren nicht nur materiell schlechter gestellt, sondern auch von ihrem sozialen Status her. Die Rückkehr der Männer aus der Kriegsgefangenschaft teilte die Frauen in verheiratete und alleinstehende. Jetzt erst erlangte der Begriff „alleinstehend“ seine heutige Bedeutung. Denn was vorher kollektives Schicksal einer überwiegenden Mehrheit von Frauen war, wurde nun zum Anlaß der Ausgrenzung und später der zunehmenden Diskriminierung derer, die allein, d. h. Witwe oder unverheiratet, waren und blieben. In dem Maße, wie sich die Verhältnisse normalisierten, konnte wieder definiert und festgeschrieben werden, was „nicht normal“ war. Für die Alleinstehenden wurde dies zu einer eher bitteren Erfahrung, denn im Zuge der Wiederherstellung von Ehe und Familie als gesellschaftliche Norm wurden alleinstehende Frauen und ihre Lebensform zunehmend diskriminiert.

Frauenhaushalte galten von da an nur noch als Notlösungen für „alte Jungfern“ oder für die, die „keinen Mann abbekamen“. Frauengemeinschaften wurden als „minderwertige“ und „wenig erstrebenswerte“ Lebensform hingestellt und zur „Notgemeinschaft“ deklassiert, obwohl sie von den Frauen selbst, auch ohne das Vorhandensein eines männlichen Haushaltsvorstands, als intakte Familienverbände erlebt wurden. Frauen wurden allmählich in zwei Gruppen geteilt: verheiratete Frauen in vollständigen, „normalen“ Familien und alleinstehende Frauen in unvollständigen Frauenhaushalten. Viele alleinstehende Frauen litten unter dieser sozialen Diskriminierung. Sie mußten nicht nur eine materielle Schlechterstellung – verglichen mit vollständigen Familien – hinnehmen, sondern auch mit der sozialen Abwertung ihrer Lebensform fertig werden.

9.

Marga Merz, Jahrgang 1915,
eine Lebensgeschichte

Marga Merz wurde 1915 als drittes Kind ihrer Eltern geboren. Sie stammt aus „kleinen Verhältnissen". Ihr Vater betrieb eine kleine Kohlen- und Kartoffelhandlung, und da das
Geld oft nicht reichte, machte er nebenbei mit seinem Plat-
tenwagen Umzüge, private Transporte und fuhr im Winter
Schnee. Die Mutter half im Laden, verdiente bei einer Leh-
rerfamilie ein paar Groschen durch Putzen und Waschen
dazu und versuchte, die Familie durch haushälterisches Geschick und ein eisernes Sparprogramm über die Runden zu
bringen. 1929 war Marga mit der Schule fertig. Ihr sehnlich-
ster Wunsch war, eine Lehre machen zu dürfen. Daraus
wurde jedoch nichts. Beide Brüder waren zu dem Zeitpunkt
arbeitslos, und die Familie hatte kaum noch genug Geld, die
Miete zu bezahlen. Marga sollte schleunigst Geld verdienen.
Aus heutiger Sicht kommentiert sie: „Ich mochte nie Streit,
bin allem Streit nach Möglichkeit aus dem Weg gegangen.
Und seinen Eltern widersprechen, hat man damals gar nicht
gekannt." So ging Marga auf Betreiben der Eltern und durch
Vermittlung einer Tante als „Mädchen für alles" zu einer
Oberlehrerfamilie nach Belzig „in Stellung". „Da mußte ich
mich ganz schön plagen." Saubermachen, die Öfen heizen,
Kohlen schleppen, Kochen und Waschen für die fünfköpfige
Familie – und wenn Besuch kam, auch noch Bedienen –
waren von nun an ihre Aufgaben. Tag und Nacht mußte
Marga verfügbar sein, eine Beschränkung oder Regelung der
Arbeitszeit gab es für Dienstboten kaum. Bei „freier Kost
und Logis" bekam sie von ihrer Herrschaft 20 Mark im
Monat. Davon schickte sie regelmäßig einen Teil nach Hau-
se. „Ein Hungerlohn war das für die Plackerei, aber ich lag

Abbildung 41: Konfirmation 1927

den Eltern nicht weiter auf der Tasche, und von meinem Lohn konnten sie zumindest die Miete zahlen."

Frau Merz blieb zwei Jahre bei der Oberlehrerfamilie in Belzig. Sobald es jedoch zu Hause etwas besser ging – ein Bruder hatte geheiratet und war ausgezogen, der andere Bruder fand Arbeit auf dem Bau –, kündigte sie und kam zurück zu den Eltern nach Berlin. Endlich konnte sie sich, inzwischen 18 Jahr alt, eine Lehrstelle als Schneiderin suchen.

„Klar, zuerst mußten wir die Werkstatt ausfegen und die Kinder in den Kinderhort und zur Schule bringen. Zum Nähen bin ich erst später gekommen. Abwaschen und Einholen mußten wir auch und immer wieder liefern gehen. Wir mußten Kleider und Mäntel, oft sieben, acht Stück, zur Kundschaft schleppen. Das war hart. Abends um fünfe noch sind wir liefern gegangen, bloß um die Arbeit zu behalten."

Marga Merz verdiente während der Lehre 18 Mark im Monat. Das war zwar weniger als sie „in Stellung" bekommen hatte, aber dafür hatte sie eine qualifizierte Ausbildung und machte 1936 ihre Gesellenprüfung. Bis 1939 arbeitete sie als Schneidergesellin in einem Wilmersdorfer Modesalon. Sie blieb bei ihren Eltern wohnen und unterstützte sie. Allerdings wurde sie bei den für das Textilgewerbe typischen Saisonschwankungen immer wieder arbeitslos und war daher auch weiterhin auf Unterstützung durch Eltern und Verwandte angewiesen.

1939 zog die Familie in eine Neubauwohnung nach Spandau und bewohnte dort Stube und Küche. „Ich wär' doch gerne ausgezogen", erzählt sie, „aber ich mußte ja bei meinen Eltern bleiben, weil wir gar nicht soviel verdienten. War doch gar nicht drin. Die Eltern haben in der Stube geschlafen und ich in der Küche. Die haben gedacht, nehmen wir erst mal ein Zimmer und sehen, wie wir zurechtkommen, das Mädel heiratet ja doch. Und so ist es geblieben."

1940 wurden beide Brüder eingezogen, der Vater durfte aufgrund seines Alters zu Hause bleiben. In diesem Jahr erhielt auch Margas Verlobter einen Einberufungsbefehl an die Ostfront. Er fiel schon in den ersten Tagen. Sein Tod traf Frau Merz hart: „Rotzblasen hab' ich geheult, jahrelang. Klar. Wenn man denkt, jetzt baust du das Leben auf, jetzt fängst du richtig an zu leben, hast einen Menschen. Und dann kommt alles anders." In ihrem Schmerz erlebte sie die letzten Kriegsjahre wie einen bösen Traum.

1943 wurde Frau Merz zur Arbeit im Fliegerhorst Gatow dienstverpflichtet. Sie mußte in der Sattlerei Fallschirme nähen und ausbessern. Sie arbeitete dort in ständiger Furcht vor der Bombardierung des Flughafens und war jedesmal froh, wenn sie wieder bei den Eltern war. Von Gatow aus sah sie die Bomben auf Spandau fallen, fand aber bei der Rückkehr nach Hause ihre Eltern „wie durch ein Wunder" unversehrt. Im Keller ihres Hauses erlebte sie den Einmarsch der Russen.

„*Als die Russen in Berlin waren, mußten wir alle antreten und für die arbeiten. Da hab' ich eigenhändig das Kraftwerk West mitdemontiert. Wir Frauen mußten Eisenplatten auf Karren laden, damit sie abtransportiert werden konnten. Aber schon am zweiten Tag hab' ich mich gedrückt, ich war ja so schmal damals. Und Kraft hatte ich keine, bei dem ständigen Hunger. Ich mußte dann statt dessen Kartoffeln sortieren. Da sind wir alle aber gern hingegangen, weil wir immer Kartoffeln haben mitgehen lassen. Soviel wir tragen konnten, haben wir nach Hause geschleppt, aber nur die ersten drei Tage. Dann haben sie besser aufgepaßt.*

In unserer Nähe war so 'n kleiner Laden, da haben sie früher Kleider verkauft. Und da hing ein Papier draußen dran: ,Schneiderin gesucht'. Na, ich da hin. Jetzt mußte ich aber erst vom Arbeitsamt eine Genehmigung bringen. Also bin ich als nächstes zum Arbeitsamt hin. Und dort sagt mir der Beamte, das ginge nicht, ich müsse bei den Russen bleiben. Da hab' ich loslamentiert. Er fragt mich: ,Was haben Sie denn bis jetzt gemacht?' Ich sage: ,Kartoffeln sortiert.' ,Ach, dann haben Sie wohl Kartoffeln?' ,Ja', sage ich. Dann bin ich mit meinen Kartoffeln zum Arbeitsamt gegangen, und dann plötzlich hab' ich die Genehmigung gekriegt. Kor-

rupt waren die alle in den Ämtern damals, da haben Sie nur
was mit Naturalien erreicht. So hab' ich 1945 meine erste
Stelle wieder als Näherin gekriegt. Die Leute, bei denen ich
angefangen hab', hatten früher ein Modengeschäft gehabt
und hatten ein paar alte, zerfledderte Modehefte da. ,Hier,
machen Sie mal, machen Sie mal', haben die dann zu mir
gesagt. Und ich hatte noch ein paar Grobschnitte von frü-
her, und damit ging die Sache los. Weil der Laden vollstän-
dig kaputtgebombt war, hab' ich alles zu Hause genäht. Wie
das nach dem Krieg eben so war, von alt auf neu. Ich habe
von der Chefin das getrennte Zeug oder Bettbezüge oder
Decken gekriegt. Manchmal waren es auch ganz verdreckte
Sachen. Es gab ja kein Seifenpulver. Da habe ich dann aus
Decken Mäntel genäht. Und aus einem Segel habe ich
Buschjacken genäht. Das waren so weiße Jacken mit einem
kurzen Arm. Ich hab' gestaunt, was aus so einem Segel alles
rausgeht. Und aus Bettbezügen hab' ich Hosen genäht und
aus zerschlissenen Lappen Kinderkleidung. Mein Gott, was
wir da alles zusammengeflickt haben. Sogar aus 'nem zer-
schlissenen Regenschirm hab' ich mal ein Röckchen geflickt.
Also, erfinderisch mußte man schon sein. Und da hab' ich
dann immer meine Modelle laufen sehen. Die Leute waren
ja froh, wenn sie überhaupt etwas zum Anziehen gekriegt
haben. Kleider zu bekommen, war ja damals mit das
Schwierigste überhaupt. Kleider gab's dann 'ne Zeitlang auf
Seifenkarte. Auf der Seifenkarte war ein Bon drauf, da
konnte man sich ein Kleid drauf kaufen. Jeder Fussel Stoff
wurde verwendet. Na, also, heutzutage tut's mir in der Seele
weh, wenn ich seh, wie Leute die noch guten Sachen weg-
werfen. Ich schmeiß' nichts weg, bei mir wird heute noch
alles verarbeitet. Ich will mich ja nicht loben, das machen
viele andere auch, aber ich hab' das von damals behalten."

Frau Merz wohnte auch nach Kriegsende weiter mit ihren
Eltern in der Einzimmer-Wohnung. Die Wohnung galt nur
als „schwach beschädigt", jedoch waren die Türen und Fenster durch Einschüsse gesplittert. Da Marga zuhause arbeitete – die Nähmaschine stand am Fenster, überall waren Stof-

fe und Reste verstreut –, mußten die drei Personen noch enger zusammenrücken.

„Solange ich die Heimarbeit gemacht habe, hat meine Mutter voll mitgearbeitet. Sie hat hier gesessen und getrennt, und wenn ich genäht hab', hat sie noch gebügelt und ist liefern gegangen. Die hat auch ihren Mann gestanden. Und dann hat meine Mutter noch den Haushalt gemacht und hat das stundenlange Anstehen übernommen. Mein Vater hat sich meist um Brennmaterial gekümmert und hat notdürftig versucht, die Wohnung zu reparieren. Aber 1946 ist er gestorben, er hat, glaub' ich, den Zusammenbruch 1945 nie verwunden. Na ja, und dann mußte ich erst recht ranschaffen. Ich war ja für meine arme Mutter verantwortlich. Das war gar nicht so einfach. Hamstern konnt' ich nicht gehen, obwohl uns das viel geholfen hätte. Aber da blieb bei der Näherei keine Zeit, und die Mutter konnte das nicht. Da gehört auch so ein bestimmtes Geschick dazu, das hatte nicht jeder. Und dann hätten wir auch gar nichts zum Verhamstern gehabt. Viel verdient hab' ich mit der Heimarbeit auch nicht, Stundenlohn 'ne Mark. Und da hab' ich dann meist mehr aufgeschrieben. Die Chefin hat ja auch genug kassiert. Das mußt' ich ja auch, bei den Hungerlöhnen, und das Geld war ja kaum was wert. Tag und Nacht war ich an der Maschine.
Die Leute haben immer gesagt: ‚Mein Gott, was macht die Frau bloß? Wenn wir morgens aufstehen, sitzt sie an der Maschine, und wenn wir abends schlafen, sitzt sie immer noch da.' Und gefroren hab' ich dabei, buchstäblich wie ein Schneider. Heizmaterial war ja kaum zu kriegen. Manchmal bin ich auch zu den Nachbarn, um mich aufzuwärmen. Und einmal, das weiß ich noch genau, Weihnachten war das, hab' ich mal ein Kleid für 'nen Zentner Kohlen genäht. Das war viel wert damals. Wenn wir 'ne warme Stube hatten, waren wir selig. Und heute noch geht es mir so, daß frieren das Schlimmste ist, was es für mich gibt. Ich heize und heize, ist alles überhitzt, aber Hauptsache warm. Das hab' ich auch noch von damals.“

Der knappe Lohn, der geringe Wert des verdienten Geldes, die daran gemessen teure Miete, hohen Preise und die Verantwortlichkeit für die Mutter zwangen Frau Merz, nebenher schwarz zu arbeiten. Diese Schwarzarbeit ermöglichte es, weitere Familienangehörige zu unterstützen.

„Ja, und dann hab' ich noch zwischendurch mal woanders gearbeitet, bei einem anderen Modesalon. Das habe ich nebenbei gemacht, war aber nur bei einem Chef gemeldet. In der Küche hatte ich noch 'ne Maschine zu stehen, und da hat meine Schwägerin mitgeholfen. Und dann hatte ich noch 'ne Tante hier. Der Mann war PG (Parteimitglied), und die mußte sehen, daß sie da durchkam. Die hat so 'n bißchen Handarbeit gemacht, und wir haben die auch noch mit durchgefüttert. Bald haben die Leute gesagt: ‚Die arbeitet da oben schwarz‘, und haben mich angezeigt. Und als dann die Polizei kam, hab' ich gesagt: ‚Hier, bitteschön, ist mein Heimarbeitsbuch.‘ ‚Ja‘, sagt der Polizist, ‚sind Sie vorsichtig.‘ Und dann kam nochmal einer. ‚Und was machen Sie hier‘, sagt er zu meiner Tante. ‚Na, ich bin hier zu Besuch‘, sagt sie. Das hat er geglaubt, Gott sei Dank. Die war ja froh, daß sie überhaupt hier ein bißchen Essen hatte, so das Nötigste."

Solange Frau Merz in Heimarbeit nähte, mußte sie sich Nadeln und Nähseide selbst besorgen. Vor allem während der Blockade, als es nichts zu kaufen gab, war das ein Kunststück und nur durch Schwarzmarktgeschäfte zu bewerkstelligen. An ein Erlebnis erinnert sich Frau Merz besonders:

„Und dann war es ja auch schwer, Nähseide oder Maschinennadeln zu bekommen. Ich mußte bis nach Potsdam fahren, um Nähnadeln, Faden oder Seife einzutauschen. Wir hatten ja nicht viel zum Versetzen, und da mußten sogar die Brotmarken dran glauben. Besonders in der Blockade war das schwer. Da war dann alles abgesperrt auf'm Bahnhof, und alle Taschen und Zeitungen wurden einem abgenommen und kontrolliert. Einmal hatte ich bei einer Kontrolle die Tasche voller Zwirn und hab' schon gedacht, jetzt krie-

gen sie mich und stecken mich ins Gefängnis. Und da sagt eine Blinde zu mir: ‚Ach, würden Sie mich durch die Sperre führen?' Da sagt der Kontrolleur: ‚Kommen Sie, kommen Sie.' Und da bin ich ganz erleichtert mit meinem Zwirn durch die Kontrolle durchmarschiert. Ich brauchte ja Nähmaschinennadeln oder mal ein Stück Seife."

Abbildung 42: „Oft mußte man weit laufen, um beim Hamstern noch etwas zu ergattern. Aber man war froh, wenn man so etwas Gemüse oder ein paar Kartoffeln heim gebracht hat."

Entscheidend veränderte sich die Lebens- und Arbeitssituation von Frau Merz und ihrer Mutter, als sie ihre Näharbeit aus den eigenen vier Wänden heraus verlagerte.

„Und dann hab' ich 1947/48 angefangen, bei der Chefin im Geschäft zu arbeiten. Das war auch besser, als wenn man den ganzen Plunder in seiner einzigen Stube hat. Es war ja auch so schon ganz schön eng. Mutter hatte ihr Bett in der Stube, und wenn die Tante da war, schlief die auch mit in

Abbildung 43: *Einbauküche, Kühlschrank und Star-Mixer gelten in den 50er Jahren als Symbole des „Wirtschaftswunders". Für die meisten bleibt dies jedoch noch lange ein unerfüllbarer Traum.*

dem Bett, und ich schlief auf dem Sofa in der Küche. Und als die Währungsreform kam, hat sich die Chefin von den Kunden halb in West-, halb in Ostgeld bezahlen lassen. Und wir Angestellte haben nur ein Viertel vom Lohn in Westgeld gekriegt. Von dem Gewinn hat sich die Chefin ihr Haus wieder wunderbar auf- und ausgebaut. Das ging so, bis nachher alles nur noch in Westgeld abgewickelt werden durfte. Aber da – das war dann in den 50er Jahren – haben die Leute nichts mehr nähen lassen, das war zu teuer. Da bin ich dann zwischendurch immer stempeln gegangen."

Zwischen 1950 und 1955 wurde Frau Merz mehrmals arbeitslos. Sie erlebte den Anfang der 50er Jahre, als alle Welt von „Wirtschaftswunder" und „Wiederaufbauleistun-

Abbildung 44: Nur wenige Frauen können sich in den 50er Jahren moderne Haushaltsgeräte leisten. Eine Waschmaschine ist für viele noch undenkbar.

gen" sprach, in finanzieller Hinsicht genau so unsicher wie
eh und je.

Zwar behielt sie formal ihre Stelle während der Arbeitslosigkeit Anfang der 50er Jahre, jedoch mußte sie wegen der
Saisonschwankungen und der schlechten Konjunkturlage
dazwischen immer wieder stempeln gehen. War es schon
schwierig, von dem knappen Schneiderinnenlohn zu zweit
über die Runden zu kommen, war dies nur mit dem Stempelgeld unmöglich.

*„Meine Mutter hat ja keine eigene Rente gekriegt, sie hat
ja nie gelebt. Und dann hat sie nachher Rente auf meinen
Vater gekriegt. Aber das waren nur 180 Mark. Das Geld hat
sie aber erst ab 1954 gekriegt. So lang hat das gedauert, bis
das durchkam. Und von meinem Stempelgeld konnten wir
ja unmöglich beide leben. Ich bin dann zum Sozialamt gegangen und hab versucht, für sie Unterstützung zu kriegen.
Und dann hat die mich gefragt: ‚Wieviel haben Sie denn
gespart?‘ Ich hatte damals 150 Mark auf dem Postsparbuch.
‚Das müssen Sie erst aufbrauchen‘, meint die. Ich sage: ‚Ich
hab’ eine alte Mutter, wenn der etwas passiert.‘ ‚Na, dann
werden wir sie von uns aus beerdigen‘, haben sie mir gesagt,
und ‚heben Sie das erst mal ab.‘ Dann hab’ ich das Geld
abgehoben, immer 20 Mark, und bin wieder hingegangen.
Da hat dieselbe Bearbeiterin zu mir gesagt: ‚Da haben Sie
aber gut gelebt davon.‘ Als ob sie es aus ihrer eigenen Tasche
hätte zahlen sollen.“*

Die angespannte finanzielle Situation verschärfte sich
durch Margas angegriffenen Gesundheitszustand. Jahrelang
plagte sie ein hartnäckiges Gelenkrheuma, das sie sich während der Nachtschichten am Flughafen zugezogen hatte. Die
Endkriegswirren hatten es nicht zugelassen, daß sie dieses
Leiden ausheilen konnte. Auch während der Heimarbeits-
jahre in der kalten Wohnung konnte es nicht besser werden.
„Aber was sollte ich denn machen, wir waren auf meine
Näherei angewiesen“, kommentiert sie.

1959 brach Frau Merz im Geschäft an der Nähmaschine
zusammen und wurde sofort in ein Krankenhaus eingelie-

fert. Die Untersuchungen ergaben neben der akuten Blind-
darmentzündung einen Gallenschaden und miserable Leber-
werte, die wahrscheinlich Spätfolgen einer verschleppten
Gelbsucht waren. Frau Merz wurde mehrmals hintereinan-
der operiert. „Krankenhäuser hab' ich kennengelernt. In
Westend war ich zweimal, Budapester Straße und im Wald-
krankenhaus war ich auch. Und hier in Hohengatow haben
sie die Leberpunktionen gemacht."

Von gesundheitlichen Spätfolgen der körperlichen und
seelischen Belastung der unmittelbaren Nachkriegsjahre waren viele Frauen, die alleine für sich und ihre Angehörigen
sorgten, betroffen. Waren die typischen Krankheiten der ersten Nachkriegsjahre Hungerödeme, Tbc, Ruhr und das
Ausbleiben der Menstruation, so litten viele Frauen in den
50er und 60er Jahren unter den Folgen der Anspannungen
der Nachkriegsjahre. Was Hunger und Kälte, Überlastung
und schlechte, einseitige Ernährung bedeutet hatten, wurde
jetzt erst sichtbar. Die Krankheit machte Frau Merz von der
Hilfe und Pflege ihrer Mutter abhängig, mit der sie immer
noch in der Einzimmer-Wohnung zusammenlebte.

*„Na ja, und dann war ich froh, daß meine Mutter mich
wieder hochgepäppelt hat. Als ich dann endlich aus dem
Krankenhaus wieder draußen war, mußte ich immer noch
ständig liegen. Drei Jahre konnte ich insgesamt nicht arbeiten, hab' Frührente gekriegt. Immer rein ins Krankenhaus
und wieder raus. Da war ich auf meine Mutter angewiesen,
ich konnte ja kaum etwas machen. Sogar das Einkaufen
mußte sie übernehmen. Die Treppen runtergehen war schon
eine Schinderei für mich. Ich konnte damals kaum aus der
Wohnung raus.*

*Und dann bin ich auf Kur geschickt worden nach Kissin-
gen, ein halbes Jahr darauf gleich noch einmal. Und damit
ich weiter auf Rente bleiben konnte, mußte ich auch die
Leberpunktionen machen lassen. Das war ein Graus. Und
ich hab' das in Kissingen zweimal über mich ergehen lassen,
sonst hätte ich keine Rente mehr gekriegt.*

Und nach drei Jahren haben die Ärzte gesagt: ‚Also jetzt

sind Sie so weit wiederhergestellt, nun können Sie mal wieder anfangen.' Ich lag noch im Bett. Meine Mutter brachte mir die Zeitung. Ich sagte: ‚Hier, Quelle eröffnet, ich gehe hin, und wenn ich als Abwaschfrau gehe.' Wir brauchten ja das Geld. Ich mußte ja arbeiten. Und da sagt der im Personalbüro zu mir: ‚Warum sind Sie denn nicht eher gekommen?' Ich sage: ‚Ja, ich war verreist.' Ich hätte mich doch auch gar nicht zu sagen getraut, daß ich so lange krank war. Und dann hab' ich da angefangen in der Änderungsschneiderei. Anfangs war das ganz schön hart. Ach, ich bin manchmal nach Hause gekommen, nichts essen, bloß schlafen, und den anderen Tag wieder los, jeden Tag. Wenn ich damals meine Mutter nicht gehabt hätte, ich hätte nicht gewußt, was ich hätte machen sollen. Und da war die doch auch schon weit über 70."

Frau Merz blieb ledig, sie hatte keine Zeit, einen Mann zu suchen. Sie lebte mit ihrer Mutter bis zu deren Tod 1971 zusammen. Hatte am Ende der 50er Jahre die Mutter ihre Tochter gepflegt, versorgte zehn Jahre später Frau Merz die kränkelnde Mutter.

„Ich hab' so viele Sorgen gehabt in den Jahren, daß ich mich um Vergnügungen gar nicht kümmern konnte. Und anfangs hatte ich auch gar nicht die Garderobe und weder Schmuck noch etwas. Also bin ich kaum mal tanzen gegangen. Sicher, man hat mal einen Freund hier und da gehabt. Aber wenn man mit einer alten Mutter in einer Stube zusammenwohnt, kann man keinen Freund mit nach Hause bringen.

Ja, und ich hab' ja die drei Bauchoperationen gehabt. Das hat ja immer Zeit gekostet auszuheilen. Und wenn da einer dagewesen wäre, der rumkommandiert ‚mir tut es hier weh und hier weh und da weh', nicht auszudenken. Oder der bedient werden will. Und du liegst da und kannst kaum krauchen. So ist es mir doch gegangen. Und wenn ich so manchmal höre, Frauen haben drei Kinder, und der Mann läßt sie im Stich, und sie müssen sich durchkämpfen, dann denk' ich: ‚Mensch, dir geht's doch gar nicht so schlecht.'

Und ich hab ja immer meine Mutter gehabt, war nie allein. Nur, wie sie dann gestorben ist, 1971, da hab' ich geweint. Ich hab' mich gar nicht mehr eingekriegt, ja. Wie ich da immer nach Hause kam, und es war alles dunkel und kalt. Ich konnte kaum etwas essen. Nee, das war furchtbar, kommst nach Hause, alles kalt, keiner da zum Sprechen. Ich hab' manchmal Tage dagelegen, mit keinem Menschen gesprochen. Und das hat dann mal 'ne Kollegin gemerkt und gesagt: ,Kommen Sie doch mal mit, wir haben ,Zur Linde' ein Treffen.' Da kam ich dann unter Leute.''

Bei einem dieser Treffen lernte Frau Merz Herrn Treumann kennen.

,,Ich sag' zu dem, ich möchte gern jemand haben, mit dem man mal Ausflüge machen kann. Denn alleine hatte ich Angst. Und ich bin immer so gern Rad gefahren. ,Na ja, können wir mal machen.' Und dann hat er mein Fahrrad aus dem Keller geholt, und wir sind in den Stadtwald gestrampelt, wunderschön. Und so hat sich das zwischen uns entwickelt. Ein paar Jahre waren wir zusammen. Ja, und dann fing er an so rumzukommandieren, und je älter er wurde, je mehr hat er gemeckert. Nee, 'ne Zeit lang hab ich das ausgehalten, denn ich war ja erst mal froh, daß ich nicht alleine war. Das kann man erst beurteilen, wenn man die Einsamkeit wirklich erlebt hat. Ich hab' früher auch gedacht: ,Wenn Mutter mal nicht mehr ist, gehst du dahin oder gehst dahin und machst dir noch ein paar schöne Jahre.' Aber so leicht ist das auch nicht als Frau alleine. Aber nach 'ner Zeit wurde mir's zu blöd mit seiner Meckerei. Na, und da ging's sehr schnell auseinander. Vielleicht hat er nur 'nen Grund gesucht, der hat eh immer eine gesucht mit 'nem Häuschen im Grünen. Ob er sie gefunden hat, weiß ich nicht.''

Nach diesen Erfahrungen wollte Frau Merz vorerst von solchen Beziehungen nichts mehr wissen. Sie war ihr Leben lang auf sich gestellt und selbständig gewesen. Warum sollte sie sich nun jemandem unterordnen, der an Frauen, die

‚auch ihren Mann stehen', nicht gewöhnt war? Doch bald lernte Frau Merz durch einen Zufall ihren Nachbarn kennen.

„*Ich hatte Schwierigkeiten mit meinem Balkon, da war die Verkleidung runter. Und mein Nachbar war Handwerker, das wußte ich ja. Hab' ich ihn gefragt: ‚Können Sie mir nicht mal meinen Balkon machen? Ist alles kaputt.' Da kam er mit 'ner Wasserwaage. ‚Ja', sagt er, ‚will mal sehen.' Es hat ihm gut gefallen. Er ist immer noch da. Und er nörgelt auch nicht so viel wie damals der Günter. Und ihm schmeckt alles, was ich koche. Dabei bin ich gar keine so gute Köchin. Meine Mutter hat ja immer gekocht. ‚Ach, das schmeckt schon alles', sagt er. Und wenn mal nicht, dann läßt er das eben stehen, aber er meckert nicht. Und da hab ich dann meist noch 'ne Büchse Fleisch im Kühlschrank, dann ißt er eben die.*

Und gerade jetzt in den Jahren, in denen ich auf Rente bin, ist es schön, einen Menschen zu haben. Aber heiraten möcht ich trotzdem nicht mehr, das soll man den Jungen überlassen. Ein junger Mensch stellt sich eher um. Da ist die Liebe noch groß, aber wenn man älter ist, dann hat man mehr Erfahrung. Man hat überall mal rangerochen, und dann sieht man alles ja ganz anders. Und wenn ich in meinem Alter noch geheiratet hätte, man weiß ja nicht, wie lange man noch zusammen sein kann. Wer geht eher, wer geht später. Man kann ja nicht in die Zukunft gucken. Also, das Heiraten soll man den jungen Leuten überlassen. Dazu könnt' ich mich nicht mehr aufraffen. Man ist zu selbständig geworden in den vielen Jahren, braucht keinem Rechenschaft abzugeben. Ich mache, was ich will, ich schlafe, wie ich will, und esse, was ich will, oder geh mal essen. Und ich möchte doch mein Leben auch noch ein bißchen genießen. Ich hab mein Leben lang für die Familie gesorgt und meine Mutter gepflegt, bis zu ihrem Ende. Aber ich finde, es gibt immer irgendwie einen Ausgleich, also, dafür möcht' ich's doch jetzt noch ein paar Jahre schön haben."

Mit ihrem Freund und Nachbarn geht Frau Merz regelmäßig zu Veranstaltungen, Fêten und zum Kartenspielen in das nahegelegene Seniorenheim.

Sie wohnt heute noch in der Wohnung, in die sie 1939 mit ihren Eltern eingezogen war. Die Hausbewohner kennen sich fast alle von früher her gut. Frau Merz fühlt sich in dieser vertrauten Umgebung sehr wohl.

10.
„Ohne Mann war's schwieriger und einfacher zugleich".
Das Leben der Alleinstehenden in den 60er Jahren

Ähnlich wie Frau Merz ging es vielen alleinstehenden Frauen. Ihr Verlobter war im Krieg gefallen, sie wohnte mit ihrer Mutter zusammen bis zu deren Tod 1971. Zwar spielten Männer in ihrem Leben durchaus eine Rolle, aber zum Heiraten fühlte sie sich zu selbständig und später zu alt. Sie blieb, wie viele andere Frauen in ähnlichen Situationen, bis heute ledig.

In den unmittelbaren Nachkriegsjahren war es weder ungewöhnlich noch ein soziales Problem, „alleinstehend" zu sein oder in einem Frauenhaushalt zu leben. Frauen wurden wegen ihrer Tatkraft und Wiederaufbauarbeit anerkannt, gleichgültig ob sie einen Mann hatten oder nicht, denn viele Männer waren gefallen oder noch in Gefangenschaft. Mit der allmählichen Rückkehr der Kriegsgefangenen wurden viele Frauenhaushalte wieder zu sogenannten vollständigen Familien. Haushalte, in denen Frauen weiterhin „Haushaltsvorstand" waren und die sich selbst durchaus als intakte Familien erlebten, wurden nun als Abweichung von der sozialen Norm angesehen. Seit Beginn der 50er Jahre wurde es für alleinstehende Frauen, ob ledig, verwitwet oder geschieden, zunehmend schwieriger, keinen Ehemann zu haben, denn ab den 50er Jahren war die Ehe wieder die entscheidende gesellschaftliche Norm — Mann und Familie zu haben, war die Regel. Mädchen wurden auf die zukünftige Ehe hin erzogen, und Frauengemeinschaften wurden als „minderwertige" und „wenig erstrebenswerte" Lebensform hin-

Abbildung 45: Die 50er Jahre – zwischen Freßwelle und „moderner Frau"

gestellt und zur „Notgemeinschaft" deklassiert. In Zahlen
ausgedrück, bedeutete dies, daß 1950 über ein Drittel der
West-Berliner Haushalte als sogenannte Notgemeinschaften
bezeichnet werden konnten (vgl. Tabelle 7).

Das geflügelte Wort vom „Frauenüberschuß" war in aller
Munde, und alleinstehende Frauen mußten sich gegen Be-
zeichnungen wie „die Überschüssigen" zur Wehr setzen. An-
laß hierfür war das zahlenmäßig ungleiche Verhältnis von
Männern und Frauen. 1945 lebten in Berlin mehr als 60 %
Frauen und weniger als 40 % Männer. Dieses Verhältnis
veränderte sich während der 50er Jahre nur geringfügig (vgl.
Tabelle 1).

*Abbildung 46: „In den 50er Jahren war es üblich, daß man mit einem
männlichen Begleiter ins Restaurant oder ins Theater ging. Als Frau
alleine oder mit einer Freundin zusammen wurde man oft ganz schön
schief angesehen."*

Viele Frauen haben unter der Diskriminierung ihrer Lebensform in den 50er, aber auch noch in den 60er Jahren gelitten. Sie erinnern sich an Schwierigkeiten mit Ehepaaren, die es ablehnten, Alleinstehende einzuladen, oder mit Kellnern, die sich weigerten, Frauen „ohne männliche Begleitung" zu bedienen. Oft genug war es eine Geringschätzung ihrer Person, die sich „nur" in kleinen Unachtsamkeiten äußerte. Mangelndes Einfühlungsvermögen und Taktlosigkeiten von Ehepaaren, Kollegen oder Freunden taten genau so weh wie stichelnde Bemerkungen von sonst eigentlich freundlichen Nachbarn.

Frau Hildebrandt, Jahrgang 1912, verdeutlicht dies an einem Erlebnis, das sie zusammen mit ihrer Schwester hatte:

„Sie werden ja nie bei verheirateten Leuten eingeladen als Alleinstehende, auch nicht zusammen. Wir hatten da 'mal ein sehr eindrucksvolles Erlebnis. Wir fahren immer nach Kleinkirchheim in Urlaub, und da gab es einen großen Kreis von Leuten. Und wir waren natürlich, wie das meistens so ist, mit Längen die Ältesten und trotzdem die Vergnügtesten. Und da hat ein Herr für alle Damen Rosen gekauft, für alle Damen eine Rose, für uns beide zusammen eine. Da habe ich gesagt: ‚Wer kriegt den Stiel, und wer kriegt die Blüte?' Der hat das nicht zur Kenntnis genommen. Aber auch deshalb, weil seine Frau dabei war. Die anderen waren alles verheiratete Frauen, die er mit einer Rose beglückt hat. Aber ich fand das furchtbar, daß wir zusammen eine Rose gekriegt haben. Und immer wieder, wenn die Leute Ehepaare sind, dann haben Sie es als Alleinstehende wahnsinnig schwer. Wenn Sie natürlich in der Runde sitzen, fällt es nicht so auf. Aber wenn Verabredungen getroffen werden, dann tun sich nur die Ehepaare zusammen. Und übrig blieben dann wir."

Wie sind die „Alleinstehenden" mit dieser Verschlechterung des sozialen Klimas fertig geworden? Konnten sie sich mit der gesellschaftlichen Diskriminierung arrangieren?

Einen entscheidenden persönlichen Rückhalt fanden viele alleinstehende Frauen in ihren Lebenszusammenhängen. Die meisten wohnten in Haushalten mit Schwestern, Müttern, Großmüttern oder Kindern, mit entfernt verwandten Frauen oder Freundinnen. Solche Frauenhaushalte waren in den unmittelbaren Nachkriegsjahren wichtige Gemeinschaften, ohne die ein Überleben für die Frauen kaum möglich gewesen wäre. Die Haushalte entwickelten sich vielfach zu vertrauten Bindungen, dauerhaften Beziehungen und gaben den alleinstehenden Frauen eine wichtige emotionale Sicherheit.

Nicht zuletzt in persönlichen Krisenzeiten wurde diese familiäre Stütze wichtig, denn gerade in den 50er und 60er Jahren waren viele unserer Gesprächspartnerinnen mehrfach krank. Die Überlastungen der unmittelbaren Nachkriegszeit und die Folgen der damaligen Lebensumstände – kaputte Wohnungen, Hunger, Kälte – zeigten ihre Spätfolgen. Die Frauen hatten Organschäden davongetragen, die zum Teil 20 Jahre später als Leber-, Magen- und Gallenschäden akut wurden. Viele der Frauen wurden dann – wie z. B. Marga Merz – von ihren Müttern, andere von ihren Töchtern, gepflegt und betreut.

Die Haushalte, in denen die Alleinstehenden lebten – Mutter-Tochter-Familie, Schwester-Schwester oder andere Konstellationen –, gaben ihnen also persönliche Sicherheit. Sie lebten in vertrauten Beziehungen und konnten ihre Sorgen und Freuden teilen.

Alle Frauen, mit denen wir sprachen, betonten, daß die Erwerbsarbeit für sie sehr wichtig war. Ein Teil von ihnen hatte eine Ausbildung machen können und war schon vor dem Krieg berufstätig. Andere wiederum, die Hausfrau und Mutter waren, mußten nach dem Krieg erwerbstätig werden und die Existenz der Familie sichern, weil der Ehemann – der Ernährer – gefallen oder verschollen war. Es war wichtig, Geld zu verdienen, um Kinder und auch Mütter mitzuversorgen. Darüber hinaus bedeutete es ihnen viel, Anerkennung im Beruf zu finden. Die Erwerbstätigkeit war also aus materiellen Gründen notwendig, stärkte aber gleichzeitig ihr Selbstbewußtsein.

Frau Ehrhardt, Jahrgang 1909, die mit ihrer Mutter zusammenlebte, schildert:

„Man hat seinen Beruf gehabt. Ich hab' für mich leben können, hatte Muttern bei mir. Und wenn was abzusprechen war, wurde es mit Mutter abgesprochen. Ich hatte mein Geld, ich konnte verfügen. Und das Selbständige, das ist vielleicht ein bißchen angeboren, und im Laufe der Jahre hat sich das mehr und mehr entwickelt."

Waren Frauen zunächst durch widrige Umstände gezwungen, erwerbstätig zu werden, konnten sich viele bald ihren Beruf nicht mehr wegdenken. Vor allem der Kontakt mit den Kollegen, aber auch der Inhalt der Arbeit und die finanzielle Unabhängigkeit wurden als positiv empfunden.

Deutlich wurde bei allen „alleinstehenden" Frauen, daß sie nur dann berufstätig werden konnten, wenn ihnen andere Frauen einen Teil der Hausarbeit und besonders des Großziehens der Kinder abgenommen haben. Gerade jene Frauen, die keinen Einfluß auf ihre Arbeits- und Zeiteinteilung hatten, waren auf die Arbeitsteilung mit ihren Müttern, Schwestern oder Tanten angewiesen.

Die materielle und emotionale Absicherung war sicher ein wichtiger Grund, warum Frauen nicht mehr geheiratet haben. Oft waren die Bindungen so eng, daß die Frauen sie nicht durch eine Heirat auflösen konnten und wollten. Ein Mann hätte sich in die bestehende Gemeinschaft einfügen müssen. Der Männermangel erschwerte die Möglichkeit, einen Partner zu finden, noch zusätzlich.

Frau Friedrich, Jahrgang 1923, die mit ihrer Mutter und ihrem Bruder zusammenwohnte, sagt dazu:

„Der Männermangel war natürlich vorhanden, aber ich hab' so viele Sorgen gehabt, daß ich mich da gar nicht drum kümmern konnte. Sicher, man hat mal einen Freund hier und da gehabt, aber wenn Sie mit Mutter und kleinem Bruder zusammenleben, dann können Sie keinen Freund nach Hause bringen, in eine Zweizimmerwohnung. Dadurch hat sich das schon sehr, zum größten Teil, verboten. Ich hab zwar 1952 geheiratet, aber das war ein absoluter Reinfall, das ging auch sehr schnell zu Ende. Ich habe aber aus der Ehe eine Tochter und jetzt zwei süße Enkelkinder. Damit ist

der Zweck erfüllt. Ich bin vielleicht auch, wollen mal sagen, zu selbstbewußt gewesen, um nun unbedingt drauf versessen zu sein, von einem Mann umhegt und gepflegt zu werden. Und wenn man mal einen Mann braucht, muß man ja nicht gleich heiraten. Man muß sich ja auch nicht gleich 'ne Kuh kaufen, wenn man mal ein bißchen Milch trinken will."

Abbildung 47: In den 50er Jahren wurden Ehe und Familie wieder zum gesellschaftlichen Leitbild. Keinen Partner zu haben wurde alleinstehenden Frauen als Abweichung von der Norm angelastet.

Oft ließ die Arbeitsbelastung in Beruf und Haushalt den Frauen gar keine Möglichkeit, einen Ehepartner zu suchen.

Frau Ostmeier, Jahrgang 1920, die einen kleinen Milchladen hatte und mit Mutter und Sohn zusammenlebte, sieht das heute so:

„Na ja, und dann ist es so gewesen, daß ich dieses Geschäft hatte. Ich hab' mich da ganz wohl gefühlt. Mein Mann starb, als mein Sohn zwei Jahre alt war. Sicherlich hätte eine Frau in anderer Stellung, Mutter mit einem Klein-

kind, wieder geheiratet. Aber dadurch, daß ich das Geschäft hatte, also einen finanziellen Hintergrund, habe ich nicht nochmal geheiratet. Ich habe dann noch meine Mutter bei mir gehabt, und für drei Menschen den genau Passenden zu finden, ist eben sehr schwierig. Und wenn man es nicht nötig hat ..."

Die Frauen legten sehr wohl Wert auf männliche Gesellschaft. Liebesbeziehungen zu Männern waren ihnen durchaus wichtig. Die Männer erlangten jedoch nur selten einen höheren Stellenwert als die familiären Beziehungen zu anderen Frauen oder den Kindern. In der Nachkriegszeit hatten die alleinstehenden Frauen gelernt, Verantwortung für die Familie und für die Kinder zu tragen, deren Überleben zu sichern und wichtige Entscheidungen ohne Absprache mit Männern zu treffen. Sie konnten oder wollten deshalb nicht mehr die traditionelle Rollenverteilung zwischen Männern und Frauen akzeptieren.

Frau Ostrowski, Jahrgang 1921, lebte, nachdem ihre Tochter aus dem Haus war, allein. Sie erzählt über ihre Beziehung zu ihrem Freund in den 60er/70er Jahren:

„Mein Lebensgefährte und ich, wir haben uns prächtig verstanden. Der eine hat morgens angerufen, der andere abends. Und wenn wir uns sehen wollten, dann ist er gekommen. Und wenn wir in Urlaub fahren wollten oder zu Besuch gehen wollten, dann ist er gekommen. Aber es ist so, wenn man nicht so in Stimmung war, jemand zu sehen, wenn man lieber allein sein wollte, dann hat man eben miteinander telefoniert. Ich wollte auf keinen Fall mehr heiraten. Ab einem gewissen Alter ist man auch zu alt dazu."

Viele der Frauen waren ganz zufrieden mit ihrer Lebensweise. Sie hatten einerseits langjährige Freundschaften zu Frauen und andererseits auch Liebesbeziehungen zu Männern. Die sogenannten alleinstehenden Frauen waren nicht allein und auch nicht unglücklich darüber, nicht verheiratet zu sein.

Die Schwierigkeiten mit ihrer Lebensweise wurden vielmehr von außen an sie herangetragen, indem in den 50er und 60er Jahren die Ehe und „vollständige Familien" wieder zur Norm wurden. In diesem angespannten sozialen Klima waren die zum Teil noch bestehenden Frauenhaushalte und die Freundschaften zu anderen Frauen besonders wichtig. Mit ihnen wurden Ausflüge gemacht, ins Kino oder zum Tanzen gegangen und persönliche Probleme besprochen.

Frau Hildebrandt, Jahrgang 1912, erzählt von einem Fest:

„Wir waren fünf weibliche Wesen und auf Männer nicht angewiesen. Wir konnten ja auch so tanzen. Wir hatten Gott sei Dank schon damals einen Kreis, der sich nun wirklich in der Hauptsache aus Damen zusammensetzte. Am Olivaer Platz haben wir einen Geburtstag gefeiert, mit Gesang und allem, da war kein Mann dabei. Und alles normal veranlagte Frauen, also von wegen, da war nichts Zweideutiges dabei. Das entwickelte sich eben. Allmählich hatten sie alle wieder was. Sie konnten sich wieder ein Kleid kaufen. Die Lebensfreude, die war da. Da hatte noch keiner ein Auto. Da mußte ich immer bis hier raus mit der Straßenbahn fahren, und immer mit der letzten. Die eine Freundin, die hatte einen kranken Mann, der bekam für seine Wunden reinen Alkohol. Die Wunden haben nie reinen Alkohol gesehen. Da gab es wunderbaren Likör aus Himbeersaft. Da war Stimmung. Alle waren eben finanziell auch ein bißchen unabhängig. Manchmal waren wir zehn Damen, da war nicht ein einziger Mann dabei. Aber die waren alle verwitwet. Geschieden war keine, sie waren alle nur verwitwet."

Auch außerhalb ihrer familiären Beziehungen hatten die Frauen ein dichtes Beziehungsnetz, das seit Jahrzehnten bestand. Viele dieser Freundschaften stammten aus der unmittelbaren Nachkriegszeit, in der die Frauen zusammen das Überleben organisierten.

Frau Ostrowski, Jahrgang 1921, die alleinstehend eine Tochter großgezogen hat, erzählt von ihren Freundschaften:

„*Ich habe das Glück gehabt, daß ich immer wunderbare Freundschaften hatte. Die haben mich nie untergehen lassen. Die haben mir immer das Gefühl gegeben, du brauchst nie Not zu leiden, und die haben mir immer geholfen. Wenn damals Freundschaften geschlossen worden sind, dann waren es wirklich echte Freundschaften. Wir sind durch dick und dünn gegangen, hier nach dem Kriege. Die Not, die Not hat zusammengeschweißt. Hat der eine dies gehabt, hat der andere jenes gehabt. Da hat man nicht gesagt: ,Du kriegst nichts.' Sondern man hat gesagt: ,Ich hab' bloß noch ein Kästchen, aber die Hälfte davon kriegst du.*"

Ein Einschnitt in diese verwandtschaftlichen und freundschaftlichen Beziehungen war die Teilung Berlins. Am Sonntag, den 13. August 1961 und während der darauffolgenden Tage wurde durch die sowjetische Besatzungsmacht veranlaßt, mitten durch die Stadt eine Mauer zu errichten. Die

Abbildung 48: Ein Baby, ein junger Hund und ein neuer Hut – so erscheint das Leben 1950 schon fast wieder normal.

Grenzen zum sowjetischen Sektor Berlins wurden geschlossen. Von einem Tag zum anderen war es nicht mehr möglich, in den Ostteil Berlins zu gelangen oder umgekehrt. Hunderttausende familiärer und freundschaftlicher Bande wurden auseinandergerissen. Rund 60 000 Arbeitnehmer aus dem Ostteil der Stadt und den Zonenrandgebieten kamen nicht mehr zu ihren Arbeitsplätzen.

Frau Moritz, Jahrgang 1934, die 1961 bei Schering in der Produktion arbeitete, erzählt:

„Als ich am Montag hinkam, war ein Drittel der Belegschaft nicht mehr da. Meine zwei Kolleginnen, mit denen ich seit ewigen Zeiten zusammengearbeitet habe, waren einfach weg. Die eine war vom Prenzlauer Berg, die andere aus Pankow. Die kamen nicht mehr rüber. Es war wie ein Schock. Ich konnte tagelang fast nicht arbeiten.“

Neben diesem menschlichen Verlust, der durch die Trennung entstand, hatte die Teilung für ärmere Bevölkerungsschichten auch wirtschaftliche Konsequenzen. Seit der Währungsreform hatten die Ost- und Westsektoren unterschiedliche Währungen. Der Wechselkurs der Westmark stand 1 : 5 Ostmark. Der kalte Krieg, die damit verbundene antikommunistische Haltung und scharfe Grenzkontrollen sollten zwar einen Warenumschlag von Ost nach West verhindern, aber viele West-Berliner waren darauf angewiesen, billig im Ostteil der Stadt einkaufen zu können.

Viele der Frauengemeinschaften lösten sich zwangsläufig in den 60er und 70er Jahren auf, weil die älteren Familienmitglieder starben. Obwohl die Enge der Gemeinschaft und das Versorgen der älteren, oft kranken Familienmitglieder von vielen auch als Last erlebt wurde, überwog nach dem Tod doch das Gefühl des Verlustes einer vertrauten Lebensgefährtin. Frau Merz hat unter dem Tod ihrer Mutter gelitten, weil ihr die Gesprächspartnerin und damit der gewohnte Rückhalt fehlte.

Ein anderer Grund für die Auflösung der Frauenhaushalte lag darin, daß die Kinder erwachsen wurden und aus dem Haus gingen. Jedoch war der Auszug der Kinder für die

Abbildung 49: Am 13. August 1961 und den darauffolgenden Tagen wurde mitten durch Berlin die Mauer errichtet und so die Grenze zwischen den westlichen Bezirken und dem Ostsektor geschlossen.

meisten Frauen kein Schritt in die Vereinsamung. Viele hatten weiterhin einen engen Kontakt zu ihren Kindern.

Frau Schildmann, Jahrgang 1906, die drei Söhne hat, über ihre Beziehung zu den Kindern:

„*Ja, das ist die Familie. Es sagen viele: ‚Wie sind Sie mit den drei Jungen bloß zurechtgekommen?‘ Ich sage: ‚Das weiß ich auch nicht mehr.‘ Das weiß ich auch nicht mehr, aber irgendwie hab’ ich es geschafft, und – was wichtig ist – die Jungens erkennen das an, alle drei. Der Große sagt dann: ‚Weißte noch Mutti, wie wir nach Holz gegangen sind, das war doch ’ne Wucht!‘*“

Heute haben sich manche sozialen Kontakte zwangsläufig durch den Tod der Vertrauten verringert. Die verbliebenen

Freundschaften haben Bestand. Man sieht sich vielleicht nicht mehr so oft wie früher, weil das Alter die Aktivitäten etwas einschränkt. Neue Kontakte, insbesondere zur jüngeren Generation, gibt es dagegen wenig. Viele der Frauen kommen mit der Lebenseinstellung der jüngeren Generation und unserer heutigen Konsum- und Wegwerfgesellschaft nicht zurecht. Ihre Erfahrungen mit der Kriegs- und Nachkriegszeit waren für sie so elementar und tiefgreifend, daß sie mit Einstellungen wie „ex und hopp" nichts anfangen können.

Alle Frauen, mit denen wir gesprochen haben, mußten in den Nachkriegsjahren den Groschen zweimal umdrehen, bevor sie ihn ausgaben. Sie erinnern sich genau an den Hunger, den sie erleiden mußten, und können sich auch heute noch nicht der Angst erwehren, es könne wieder ein Krieg kommen.

Frau Schmidt, Jahrgang 1929:

„*Wer den Krieg erlebt hat, wer so Kohldampf gehabt hat, daß er vor Hunger nachts aufgewacht ist und vor Schmerzen nicht mehr einschlafen konnte, der kann nicht anders denken. Ich habe unterschwellig immer die Angst, es könnte wieder ein Krieg kommen und es gibt nichts mehr zu essen. Ich habe immer einen kleinen Vorrat. Ein bißchen Knäckebrot, daß man über die ersten Tage kommt. Oder auch Seife. Ich habe immer ein paar Stück zu liegen. Das sind so Sachen, da ist immer noch Angst drin, die man, glaube ich, nie verlieren wird. Immer dieses Vorratsdenken und dieses schlechte Gefühl dabei. Ich kann auch keine Lebensmittel wegwerfen. Es gibt viele in unserer Generation, die genau so denken. Es ist für mich Sünde und ganz schlimm, wenn ich was wegwerfen muß. Die Zeit hat einen so geprägt, das wird man nicht los.*"

Viele Frauen fühlen sich oft verletzt durch die Arroganz der danach aufgewachsenen Wohlstandskinder, die nichts hören wollen von der schlechten Zeit, aber moralische und politische Vorurteile oder gar Schuldzuweisungen parat haben.

Abbildung 50: Der Kalte Krieg im Spiegel einer Modenschau

Frau Ostrowski über ein Erlebnis, das sie ärgerte:

„*Ich war im Reichstagsgebäude bei einer Veranstaltung. Und da war ein Historiker, der uns nun durchaus erzählen wollte, daß wir unsere Vergangenheit bewältigen müssen, und damit hätten wir 1945 schon anfangen müssen. Ich habe ihn gefragt ,Welcher Jahrgang sind Sie denn?' ,Na, '46.' Ich sage ,Wissen Sie, so einen Unsinn kann ja auch bloß einer reden, der die Zeit nicht miterlebt hat.' Ich meine, nach '45 hat doch keine daran gedacht, die Vergangenheit zu bewältigen. Da hat doch jede daran gedacht, daß sie irgendwas in den Topf 'reinkriegt, damit sie ihren Kindern wieder was zu essen bringen kann, und daß wieder aufgebaut wurde, die Trümmer weggeräumt wurden. Also, die Frauen hatten doch praktisch überhaupt keine Zeit, über irgendwelche anderen Sachen nachzudenken. Aber sowas wird einem heute erzählt und eigentümlicherweise alles von Menschen, die die Zeit überhaupt nicht miterlebt haben.*"

Schluß

Wir haben dieses Buch mit der Feststellung eingeleitet, daß Frauen in der Geschichtsschreibung viel zu selten vorkommen. Selbst da, wo ihr Beitrag ein entscheidender war – wie in der unmittelbaren Nachkriegszeit –, dominieren die Zahlen und Daten der „großen Politik" wie Kriegsende, Blockade, Teilung Deutschlands, Mauerbau.

Daß in der Zeit des Zusammenbruchs des Dritten Reichs und in den ersten Nachkriegsjahren für die Menschen in Berlin die Organisierung des Überlebens vor aller „großen Politik" das Wichtigste war, wird bei dieser Form der Geschichtsbetrachtung nur zu leicht übersehen. Organisieren von Überleben war Frauenarbeit, nicht geplant oder gewollt, sondern zwangsläufig, weil Männer erst im Krieg, dann in der Gefangenschaft waren. Wir haben versucht, in fünf Lebensgeschichten und vielen Zitaten aus 20 anderen Lebensgeschichten diese Überlebensarbeit darzustellen. Dabei sollte deutlich werden, wie wichtig diese Arbeit war, aber auch, was es für Frauen bedeutete, auf sich allein gestellt für ihr eigenes Leben und das Überleben ihrer Familien zu sorgen, ohne Männer, die im „normalen Alltag" einen Teil dieser Aufgabe übernehmen.

Frauen waren es auch, die den Wiederaufbau in die Hände nahmen – sei es, daß sie als Trümmerfrauen an die Beseitigung der Kriegsschäden gingen oder am Wiederaufbau der zerstörten Infrastruktur arbeiteten. Erst im Laufe der späten 40er Jahre wurde diese Aufgabe dann wieder von Männern übernommen, in dem Maße, in dem sie aus der Kriegsgefangenschaft zurückkehrten.

Wir haben gesehen, daß Frauen verschiedenste Überlebensstrategien entwickelt und praktiziert haben. Sie mußten die Versorgung durch Schwarzmarktgeschäfte, Gemüseanbau und Kleintierhaltung oder durch Lohnarbeit sicherstellen. Ferner mußten sie ihre Familien so organisieren, daß alle aufeinander abgestimmt zusammenarbeiteten. Die vielfältigen Aufgaben wurden von den Frauen so selbstverständlich, so pragmatisch und so handfest gelebt, daß ihre Besonderheit kaum ins Auge fiel. Was getan wurde, war notwendig, und deshalb wurde es gemacht. Nur zu schnell geriet aus dem Blick, daß ohne diese tagtägliche Arbeit ein Weiterleben und der Wiederaufbau nicht möglich gewesen wären. In den 40er Jahren wurde diese Überlebensarbeit öffentlich geleistet und war ein nicht zu übersehender Beitrag der Frauen zum Wiederaufbau.

Unsere Gespräche haben gezeigt, daß die Frauen in den letzten Kriegsjahren und in der unmittelbaren Nachkriegszeit zur Selbständigkeit gezwungen waren. Sie haben diese Selbständigkeit überwiegend nicht gewollt oder gar gesucht, sondern die Abwesenheit von Männern ließ ihnen keine Wahl. Dies bedeutete eine bittere Erfahrung und erforderte Umlernen und Umdenken, war aber für viele auch eine Chance zur Stärke und Eigenständigkeit. Sie hatte zur Folge, daß diese Frauen lernten, weniger männerorientiert zu handeln. Sie mußten ein neues Selbstverständnis als Frau entwickeln und haben in ihrem weiteren Leben damit gute Erfahrungen gemacht.

Diese Erfahrungen sind sicherlich für diese Generation von Frauen verallgemeinerbar, nur muß man anmerken, daß die von uns geschilderten Lebensgeschichten von Frauen stammen, die sich bereit erklärt hatten, an unserer Untersuchung mitzuarbeiten, die bereit waren, uns ihre Lebensgeschichte zu erzählen. Frauen, die an den Auswirkungen des Krieges zerbrochen sind, die vereinsamt sind, hat es sicher auch gegeben. Es wäre genau so wichtig, ihre Lebensgeschichten aufzuzeichnen. Wichtig wäre es weiterhin, die Erinnerungen von Frauen aufzuschreiben, die in anderen Lebenszusammenhängen die Kriegs- und Nachkriegszeit überstanden haben, verheiratete Frauen, politisch organisierte oder Flüchtlingsfrauen.

Die 50er Jahre gelten als Jahre des schnellen Wiederaufbaus, des Wirtschaftswunders, sie haben jedoch für alleinstehende Frauen neue Probleme mit sich gebracht, da sie durch die Wiederherstellung „vollständiger" Familien geprägt waren. Die Rückkehr der Männer aus der Kriegsgefangenschaft schied Frauen in verheiratete und alleinstehende. Jetzt erst erlangte der Begriff „alleinstehend" seine heutige Bedeutung. Für die Alleinstehenden wurde dies zu einer eher bitteren Erfahrung, denn im Zuge der Wiederherstellung von Ehe und Familie als gesellschaftliches Leitbild wurden alleinstehende Frauen und ihre Lebensform zunehmend diskriminiert. Dies scheint uns ein Schlüssel zum Verständnis der besonderen Lebensbedingungen alleinstehender Frauen zu sein. Obwohl dieser Begriff die Erwartung weckt, hieß alleinstehend zu sein nicht, daß die Frauen „alleine standen". Sie lebten in Frauenhaushalten unterschiedlicher Form: Mutter–Kinder–Familie, Schwester-Schwester-Haushalt oder Drei-Generationen-Konstellationen.

Diese Frauenhaushalte wurden von unseren Gesprächspartnerinnen – auch ohne das Vorhandensein eines männlichen Haushaltsvorstands – als intakte Familienverbände erlebt. Sie ermöglichten ihnen emotionale und materielle Sicherheit. Die Frauenhaushalte existierten nicht nur in den Kriegsjahren und in der unmittelbaren Nachkriegszeit, sondern hatten weit über die 50er Jahre hinaus Bestand.

Für die Alleinstehenden waren Frauenhaushalte eine Chance, ihr Leben ohne Zwang zur Versorgungsehe zu gestalten. Auch boten ihnen diese Familienkonstellationen Rückhalt gegenüber den sozialen Diskriminierungen späterer Jahre. Andererseits brachten die Frauenhaushalte aber auch Schwierigkeiten mit sich: Die Beziehungen zwischen den Frauen, ihren Müttern oder Kindern waren oft so eng, daß Beziehungen zu Männern schwierig waren. Andererseits war die emotionale Sicherheit der Frauenhaushalte ein weiterer Grund dafür, daß Frauen später nicht mehr heiraten wollten.

Auch unter den „normalisierten" Bedingungen der 50er Jahre blieben die „Alleinstehenden" für ihre Familien verantwortlich. Alle Gesprächspartnerinnen betonten die Bedeutung der Berufstätigkeit für ihre Lebensgeschichte. Sie waren überwiegend erwerbstätig, da auch ihre Angehörigen von ihrem Einkommen abhängig waren. Die Kriegerwitwen- und Waisenrenten reichten in der Regel nicht aus. Trotz ihrer Anstrengungen konnten alleinstehende Frauen und ihre Familien nur beschränkt am wachsenden Wohlstand partizipieren. Materiell standen sie – verglichen mit „vollständigen" Familien – noch lange schlechter da.

Über ihren Familienhaushalt hinaus hatten die meisten unserer Gesprächspartnerinnen vielfältige Kontakte zu anderen Frauen. Sie lebten innerhalb eines weit gespannten Geflechtes von Beziehungen, das wie ein Netz wechselseitiger Unterstützung und Hilfe zwischen ihnen funktionierte. Die Kontakte wurden zunächst entlang den familiären Verbindungen hergestellt und erweiterten sich durch die Einbeziehung von Freundinnen, Kolleginnen und Nachbarinnen.

Unsere Gesprächspartnerinnen sind also keineswegs bedauernswerte „arme" Witwen oder Frauen, die keinen Mann „abbekommen" haben. So unterschiedlich sie waren und so schwer sie es hatten, führten sie doch ein selbständiges, erfülltes Leben.

In den Gesprächen waren wir immer wieder von der Vitalität, Stärke und Ungebrochenheit der Frauen beeindruckt. Ihre Art des Erzählens verweist auf die Entschlossenheit, sich nicht unterkriegen zu lassen, die Kraft, eine schlimme Zeit zu bewältigen und zugefügtes Leid hinter sich zu lassen, ohne dieses dabei zu vergessen oder zu verdrängen. Schwerwiegende oder bedrohliche Ereignisse wie Vergewaltigung, Krankheit oder Tod wurden von den Frauen undramatisiert erinnert und ohne große Floskeln dargestellt.

Bemerkenswert schien uns auch die Konkretheit ihrer Erinnerungen, die Intensität, mit der diese sich in ihr Gedächtnis eingegraben haben. Sie sehen noch heute, 40 Jahre später, das Köfferchen mit Knäckebrot oder den Rucksack voller Windeln und Brot, an dem das Kindertöpfchen hing, deutlich vor sich. Sie wissen noch ganz genau, wann sie den Bezugsschein für zwei Handtücher, für drei Tassen oder für einen Bettbezug bekamen, aus dem sie später das Hemd für den Sohn schneiderten. Die Genauigkeit dieser Erinne-

Abbildung 51: Einen VW-Käfer – das Symbol des Wirtschaftswunders – können sich nur wenige alleinstehende Frauen leisten. Über ⅔ aller alleinstehenden Frauen müssen noch 1960 mit weniger als 300,– DM auskommen.

rungen spiegelt die Wichtigkeit dieser Details fürs Überleben wider. Da dieser Überlebenskampf ein Kampf im Alltäglichen war, erscheint auch die Erinnerung an die vielen Details des Alltagslebens geschärft.

Frauen sind sich der Enge und Begrenztheit ihrer Handlungsspielräume sowie der Zwänge, innerhalb derer sie agieren mußten, durchaus bewußt. Wie sie ihre Geschichten jedoch erzählen, macht deutlich, daß sie sich innerhalb ihres Alltags als aktiv Handelnde, als Subjekte ihrer Geschichte, verstanden haben.

Anhang

Zeittafel

Die Zeittafel soll die wichtigsten historischen Ereignisse der Jahre 1945 bis 1961 für *Berlin* und *Westdeutschland* aufzeigen. Gleichzeitig haben wir versucht, Daten und Ereignisse aufzunehmen, die für das *Leben von Frauen* besonders bedeutsam waren.

1945

	Endphase des *II. Weltkrieges*. Beginn der sowjetischen Großoffensive gegen das deutsche Reichsgebiet.
4.–11. Februar	*Konferenz* in *Jalta*. (Teilnehmer: Stalin, Roosevelt, Churchill.) Beschlüsse über die weitere Kriegführung gegen Deutschland; Maßnahmenplanung für das Kriegsende: Teilung Berlins in Sektoren, völlige Entwaffnung, Kontrollrat durch Siegermächte, Gebietsabtretungen.
ab 21. April	*Schlacht um Berlin*. Sowjetische Truppen nehmen Berlin ein. Schwere Straßenkämpfe, Plünderungen und Vergewaltigungen finden statt.
2. Mai	*Kapitulation Berlins*. Übernahme der vollziehenden Gewalt durch den sowjetischen Stadtkommandanten.
8. Mai	Der *Krieg* ist *zu Ende*: bedingungslose Kapitulation der deutschen Wehrmacht. *Bilanz* des *II. Weltkrieges*: ca. 55 Mio. Tote, darunter 20–30 Mio. Zivilisten, 35 Mio. Verwundete, 3 Mio. Vermißte, 6–7 Mio. deutsche Soldaten sind in Kriegsgefangenschaft, 2 Mio. deutsche Soldaten und Zivilisten werden zu Kriegsbeschädigten, 3 Mio. Deutsche werden durch Kriegszerstörungen obdachlos, dazu 12 Mio. obdachlose Hei-

matvertriebene und Flüchtlinge; 2,25 Mio. Wohnungen sind total zerstört, 2,5 Mio. Wohnungen beschädigt.

Juni/Juli Alliierter Kontrollrat führt *Arbeitspflicht* für *Männer* (14 bis 65 Jahre) und *Frauen* (15 bis 50 Jahre) ein. Zwangsverpflichtung von Arbeitskräften für Aufräumarbeiten in allen Besatzungszonen.
Entzug von Lebensmittelkarten für die, die sich nicht bei den Arbeitsämtern melden.
40 000–60 000 *Trümmerfrauen* allein in Berlin.
Erste *Demontagen*.

3.–4. Juli *Einmarsch* amerikanischer und englischer *Truppen* in *Berlin,* Übernahme der jeweiligen Sektoren.
Bildung des *Alliierten Kontrollrates* (in Berlin).
USA, Sowjetunion, Großbritannien und Frankreich übernehmen die Regierungsgewalt in Deutschland.

11. Juli *Interalliierte Militärkommandantur* (Kommandantura) (4-Mächte-Kontrolle) übernimmt die Verwaltung Berlins, des bis dahin von der sowjetischen Militäradministration verwaltet wurde.

August *Potsdamer Abkommen.* (Stalin, Truman, Churchill.) Die vier Siegermächte beschließen die Dezentralisierung der deutschen Wirtschaft, Aussiedelung der Deutschen aus Polen, Ungarn und der Tschechoslowakei, Entmilitarisierung, Entnazifizierung und Demontage von Industrieanlagen.
In *Berlin* kommen täglich 25 000–30 000 *Flüchtlinge* aus den Ostgebieten an.
Die *Einwohnerzahl* Berlins beträgt (ohne Flüchtlinge) 2,7 Mio.; davon sind 69% Frauen und 31% Männer.
Die *Versorgungslage* ist angespannter als in den Kriegsjahren, Lebensmittelrationierung in Berlin, über 500 000 Wohnungen sind zerstört (s. Schaubild 4).

Herbst Zulassung von *Parteien und Gewerkschaften* (Sowjetzone im Juni, amerikanische Zone im August, britische Zone im September u. französische Zone im Dezember).

Gründung des Berliner Frauenbundes e. V., Gründung der Arbeitsgemeinschaft der sozialdemokratischen Frauen und Gründung der Frauenabteilung im DGB, Gründung zahlreicher Frauenausschüsse in allen Besatzungszonen und in Berlin.

ab 20. Nov. bis Okt. 1946
Beginn der *Nürnberger Prozesse*. Alliierte Juristen/ Richter urteilen über 24 Kriegsverbrecher, 12 davon werden zum Tode und 7 zu Haftstrafen verurteilt, 3 werden freigesprochen.
Die Todesurteile werden im Okt. 1946 vollstreckt.

Weihnachten
Sonderzuteilungen für Haushalte mit Kindern: je 1 Kerze, 100 g Trockenfrüchte, 1 Tüte Backpulver.

1946

Winter
Kalter Winter: Die *Notlage der Bevölkerung* (besonders in den Städten) verschärft sich. Die Zuteilung von drei Zentnern Kohle für den ganzen Winter reicht nicht aus. Parkanlagen und Wälder werden abgeholzt, Kohlezüge geplündert.
Lebensmittelrationen betragen im Durchschnitt (für Normalverbraucher) 1500 Kalorien täglich und werden teilweise auf 1000 Kalorien gekürzt. Auf die offiziell zugeteilten Lebensmittelkarten gibt es nicht immer etwas zu kaufen. CARE-Pakete aus dem Ausland sollen die Not lindern.

16. Januar
Der Berliner Magistrat ordnet die landwirtschaftliche Nutzung aller städtischen Parks und Grünflächen an, um die Versorgung zu verbessern.

21.–27. Januar
Erste Wahlen: Gemeindewahlen in der amerikanischen Zone. Gemeinde-, Kreistags-, Landtagswahlen (z. T. auch Volksentscheide).
Gründung der Arbeitsgemeinschaft katholischer Verbände.
Erste Treffen des Deutschen Verbandes Frauen und Kultur e. V.

25. März   Gesetz zur *Entnazifizierung*. Ca. jeder 2. Deutsche
                muß einen Fragebogen mit 131 Fragen ausfüllen,
                Lebensmittelkarten-Zuteilungen werden davon
                abhängig gemacht. 13 Mio. Fragebögen werden
                bis 1950 geprüft. 1667 Hauptschuldige, 23 060
                Belastete, 150 425 Minderbelastete, 1 005 854
                Mitläufer und 1 213 873 Entlastete bzw. Nichtbe-
                troffene werden festgestellt; 4 000 000 Jugendli-
                che werden amnestiert.

26. März   *Alliierter Kontrollrat* stellt *Industrieplan* vor: Be-
                schränkung der Rohstoff- und Fertigwarenindu-
                strie (Bausektor ausgenommen) auf die Hälfte der
                Vorkriegsproduktion. Verbot der Herstellung von
                Waffen, Schiffen, div. Chemikalien und synth.
                Benzin. Industrieanlagen sollen demontiert oder
                zerstört werden.

10. Juli   Kontrollratsgesetz Nr. 32: „Beschäftigung von
                Frauen bei Bau- und Wiederaufbauarbeiten". Die
                Bestimmungen vom 30. April 1938 über die Ar-
                beitszeit und alle anderen, im Gegensatz zum vor-
                liegenden Gesetz stehenden Bestimmungen wer-
                den für ungültig erklärt. Das Gesetz besagt, daß
                „in Anbetracht des großen Mangels an tauglichen
                männlichen Arbeitskräften ... weibliche Arbeits-
                kräfte bei Bau- und Wiederaufbauarbeiten ein-
                schließlich Aufräumarbeiten" beschäftigt werden
                dürfen.

13. September   Auf sowjetischen Druck hin erfolgt die Ergänzung
                der Kontrollratsdirektive Nr. 14, daß Frauenlöh-
                ne bei gleicher Leistung denen der Männer gleich-
                gestellt werden „dürfen": „Die Löhne für Frauen
                und Jugendliche dürfen bei gleicher Leistung bis
                zur Höhe der Löhne für männliche Arbeitskräfte
                erhöht werden." Diese Kann-Bestimmung bleibt
                ohne weiterreichende Konsequenzen.

10. Oktober   *Volkszählung* zeigt das Ausmaß der *Bevölke-
                rungsverschiebung* durch Vertreibung und Um-
                siedlung. Vertriebene und Zugewanderte werden
                erstmals miterfaßt.

	Vertriebene	Zugewanderte
amerikanische Zone	2 785 000	398 000
britische Zone	3 082 000	579 000
russische Zone	3 602 000	
französische Zone	95 000	45 000
Berlin	120 000	
	9 683 000	1 022 000

Insgesamt leben 65,9 Mio. Menschen im Bundesgebiet und 1,9 Mio. Menschen in West-Berlin. Die Mehrheit von ihnen sind Frauen: im Bundesgebiet sind es 44,9 % Männer und 55,1 % Frauen. In Berlin ist der Männermangel noch höher: 40,4 % Männer stehen 59,6 % Frauen gegenüber.

20. Oktober   In *Berlin* finden *Wahlen* zu den Stadt- und Bezirksverordnetenversammlungen statt. Es wird eine vorläufige Verfassung für Groß-Berlin erlassen.

22. Dezember   Das Saarland wird vom Besatzungsgebiet getrennt und wird zum französischen Wirtschaftsgebiet.

1947

Winter   Kältewelle verursacht Stillstand der Industrie. Die *Ernährungslage* wird *immer schwieriger;* die offiziellen Lebensmittelrationen werden auf 600 bis 750 Kalorien täglich gekürzt.
Schwarzmarkt und Schiebergeschäfte breiten sich aus. Die Zigarettenwährung hat sich durchgesetzt: 1 „Ami" sind 20 RM.

Schwarzmarktpreise pro Kilo:

	Westzone	Berlin*	Einzelhandelspreise in Berlin 1939
Roggenbrot		44,– M	0,32 M
Weizenmehl	24,– M	80,– M	0,46 M
Nährmittel		76,– M	0,55 M
Kartoffeln (Früh-)		8,– M	
Zucker	130,– M	150,– M	0,47 M
Fett	450,– M	470,– M	2,20 M
Fisch	120,– M	200,– M	1,05 M

* Preise vom Juni/Juli 1947

Stadtbewohner sind auf Hamsterfahrten und Tauschgeschäfte mit den Bauern angewiesen: Sachwerte gegen Nahrungsmittel.

Protestkundgebungen in vielen Städten wegen unzureichender Versorgung. 24 Stunden Generalstreik in Bayern.

Schließung der meisten Schulen wegen Kohlemangel. Einrichtung von Wärmestuben; Volksküchen, Gulaschkanonen.

Tausende verhungern und erfrieren; Anhalten der Hungersnot während des gesamten Jahres.

1. Januar	Die amerikanische und die britische Besatzungszone werden zu einer wirtschaftlichen Einheit, der sog. *„Bizone"* zusammengeschlossen (Doppelzonenabkommen). In der Folgezeit bauen die Westmächte einen Wirtschaftsrat für die Bizone nach den Grundzügen eines Staatswesens aus. Die Konstituierung des Frankfurter Wirtschaftsrates für die Bizone erfolgt am 25. Juni 1947. Der Wirtschaftsrat ist betraut mit der wirtschaftlichen Verwaltung oberhalb der Länderebene.
10. März–24. April	*Moskauer Außenministerkonferenz* (Verhandlungen zur Deutschlandfrage): Verhandlungen über die Struktur eines künftigen gesamtdeutschen Staates (mehr föderalistisch oder zentralistisch); Beschluß über die Rückführung der Kriegsgefangenen bis 1948; Scheitern der Verhandlungen über einen deutschen Friedensvertrag, keine Einigung über die zukünftigen Grenzen Deutschlands, Art und Menge der Reparationen, politische und wirtschaftliche Einheit.
8. März	Zusammenschluß der antifaschistischen Frauengruppen zum „Demokratischen Frauenbund Deutschlands" (DFB).
20. April	*Erste Landtagswahlen* in Nordrhein-Westfalen, Niedersachsen, Schleswig-Holstein, Hamburg (Ländergründungen bis 1946 abgeschlossen).
Mai	1. Interzonale Frauenkonferenz (Bad Boll).

18. Mai	*Erste Landtagswahlen* in der französischen Besatzungszone.
Juni	2. Interzonale Frauenkonferenz (Bad Pyrmont). *Zusammenschluß* von 15 überkonfessionellen und überparteilichen *Frauenverbänden* zur „Arbeitsgemeinschaft überkonfessioneller und überparteilicher Frauenorganisationen". Gründung des Deutschen Staatsbürgerinnenverbandes, des Demokratischen Frauenbundes Deutschland, der Arbeitsgemeinschaft der Deutschen Landfrauenverbände und der Weltorganisation der Mütter aller Nationen (W.O.M.A.N.).
29. August	Neuer *Industrieniveauplan* für die *Bizone:* dieser Entwicklungsplan revidiert den Industrieplan des Kontrollrates (vgl. 26. 3. 1946). Die Demontage wird trotz deutscher Proteste fortgesetzt, jedoch allmählich reduziert.
5. Oktober	Landtagswahlen im Saargebiet: alle Parteien außer der KPD sind für die wirtschaftliche Vereinigung mit Frankreich.

1948

Winter	Anhaltend *schlechte Versorgungslage,* nur langsame Verbesserung der Lebensmittelzuteilungen; ständiger Verlust des Geldwertes; Schwarzmarkt. Streiks in den Westzonen wegen der schlechten Versorgungslage. 4 von 5 Deutschen sind unterernährt. Schwindelanfälle und Magenkrämpfe wegen Hungers gehören zum Alltag.
23. Februar– 7. Juni	*Londoner Sechsmächtekonferenz.* Beschluß von Empfehlungen für Westdeutschland: wirtschaftliche Integration in West-Europa, föderalistisches Regierungssystem für die drei westlichen Besatzungszonen. Erarbeitung einer Verfassung. Internationale Ruhrkontrolle.

20. März	Aus Protest gegen diese Beschlüsse verläßt der sowjetische Vertreter den Alliierten Kontrollrat: die Tätigkeit dieses 4-Mächte-Gremiums ist damit praktisch zu Ende.
1. April	Die *„kleine" Berlin-Blockade* beginnt: Sowjetische Inspektionen und Behinderungen erschweren den westalliierten Militärverkehr, später auch den zivilen Personen- und Güterverkehr zu Lande und zu Wasser für 1½ Wochen.
16. April	Inkrafttreten des *Marshall-Plans* für die Westzonen. Der Marshall-Plan sieht wirtschaftliche Hilfsmaßnahmen für West-Europa einschließlich Westdeutschland vor und bildet die Grundlage des „Wirtschaftswunders" der 50er Jahre. Seine wesentliche Funktion für die USA ist der Ausbau ihrer ökonomischen Einflußsphäre und die Integration Westdeutschlands in einen westlichen Block.
ab Juni	*Zuspitzung der Berlin-Krise*
16. Juni	Letzte Sitzung der 4-Mächte-Verwaltung von Berlin: Die Sowjetunion stellt (wie bereits seit 20. 3. im Kontrollrat) ihre Mitarbeit in der Interalliierten Militärkommandantur ein.
18.–21. Juni	*Währungsreform* in den *Westzonen*. In den drei Westzonen (nicht in Berlin) wird die DM-Währung eingeführt. Jeder Deutsche bekommt eine Kopfquote von DM 40,–, später noch einmal DM 20,–; die RM-Guthaben werden im Verhältnis 10 : 1 umgetauscht, Löhne, Gehälter, Renten und Pensionen 1 : 1 umgestellt. Der Sachwertbesitz bleibt erhalten. Aufhebung der Preiskontrolle und der Rationierung der Verbrauchsgüter.
August 1948	Infolge der enormen Preiserhöhungen nach der Währungsreform und dem Wegfall des Preisstops kommt es in zahlreichen Städten zu „Käuferstreiks" und Ausschreitungen aufgebrachter Kund(inn)en gegen die Händler.
21. Juni	Die sowjetische Besatzungsmacht verwahrt sich gegen den Versuch der Einführung der Westmark in das Gebiet von Groß-Berlin.

23. Juni	Die Autobahn Berlin-Helmstedt wird wegen „technischer Mängel" gesperrt.
	Blockade zu Land und zu Wasser wird über *West-Berlin* verhängt.
	Die Sowjetunion erklärt die 4-Mächte-Verwaltung für Berlin als beendet.
	Personenverkehr und Gütertransporte werden unterbrochen; Strom- und Kohlelieferungen eingestellt.
26. Juni	Beginn der englisch-amerikanischen *Luftbrücke*, die West-Berlin mit Lebensmitteln und Waren versorgt (wird bis zum 30. 9. 1949 aufrechterhalten). Einflug von Kohlen, getrockneten Nahrungsmitteln, Industrieprodukten etc.
14. Juli	Die Sowjetunion bestreitet das von den Westmächten in ihrer Note vom 6. 7. beanspruchte Recht auf freien Zugang nach Berlin. Sie besäßen dort keine eigenständigen Besatzungsbefugnisse, sie hätten die Abkommen von Jalta und Potsdam gebrochen, eine separate Währungsreform durchgeführt, obwohl Berlin zur SBZ gehöre, und sie erstrebten die Gründung eines westdeutschen Staates (s. a. Durchführung Marshall-Plan).
20. u. 21. Juli	Durchführung der *Währungsreform* in der *Sowjetischen Besatzungszone;* Einführung der „Ostmark" und Erlaubnis für alle Berliner zum Einkauf von Lebensmitteln im sowjetischen Sektor Berlins.
September	Demontagen werden in der US-Zone eingeschränkt, die Sozialisierung der Kohlewirtschaft in Nordrhein-Westfalen wird zurückgestellt. Die ersten Lieferungen gemäß dem Marshall-Plan treffen ein.
1. September	1. Treffen des *Parlamentarischen Rates in Bonn* (Präsident wird K. Adenauer). Von den 65 von den Ländern gewählten Mitgliedern sind nur vier Frauen (6,2 %).
	Gründung des deutschen Verbandes berufstätiger Frauen e. V. der Coop-Frauengilde,

der Frauenvereinigung der CDU,
der Vereinigung der Juristinnen, Volkswirtinnen
und Betriebswirtinnen.

2. Dezember Offizielle *Spaltung Berlins*. Neuwahlen eines
West-Berliner Magistrats. Neubildung eines Ost-
Berliner Magistrats.
Berlin wird in den westlichen Medien zur „Front-
stadt des kalten Krieges".
Während des Blockade-Winters gilt als offizielle
Zuteilung von Brennmaterial: 25 Pfd. Kohlen pro
Kopf, das sind ca. 60 g oder ein Steinchen Kohle
für jeden kalten Tag.
Die Ernährung besteht vorwiegend aus getrockne-
ten Lebensmitteln, da diese leichter und von daher
innerhalb der Luftbrücke einfacher zu transportie-
ren sind. Viele Berliner erfrieren in ihren Wohnungen, die meisten leiden an Unterernährung.

1949

Blockade dauert an. Luftbrückenrekord: rund um
die Uhr landet alle 62 Sekunden ein Flugzeug in
Berlin-West.
Einführung der DM-West in den westlichen Sektoren Berlins durch die westlichen Besatzungsmächte.

25.–27. Januar Tagung der Gewerkschafterinnen der Westzonen
in Rod a. d. Weil. Forderungen:

– gleicher Lohn für gleiche Leistung
– bezahlter Hausarbeitstag
– Halbtagsbeschäftigung für Frauen
– Wiederinkraftsetzung des § 7 Mutterschutz-
  gesetz (erhöhte Wochenhilfe)
– Ablehnung eines hauswirtschaftlichen Lehr-
  und Anlernverhältnisses in privaten Haushalten

12. Mai *Beendigung der Berlin-Blockade* durch die
UdSSR.

1. April	Konstituierung der „*Tri-Zone*" in Westdeutschland durch Anschluß der französischen Zone an die Bi-Zone.
22. April	Das Abkommen über die *internationale Ruhrkontrolle* (Ruhrstatut) wird verabschiedet: Kontrolle der Kohle-, Koks- und Stahlproduktion, Festlegung der Verbrauchs-Exportquoten und der Preise.
24. Mai	*Grundgesetz* für die Bundesrepublik tritt in Kraft. Frauen sind (dem Programm nach) den Männern gleichgestellt. Die Gleichberechtigung der Frauen wird geltendes Recht. (Die Durchsetzung der einzeln geschaffenen Rechtsgrundlagen wird bis 1958 dauern!)
Juni	Demonstrationen und Streiks gegen die Demontagen der Alliierten. Arbeitslosigkeit bedingt durch stillgelegte Industrieanlagen. Rückkehr von Kriegsgefangenen, Vertriebenen und Flüchtlingen vermehrt die Zahl der Arbeitssuchenden: in der Folge werden zunehmend Frauen aus dem Erwerbsleben gedrängt (siehe Tabellen 10 und 11). Von 22,1 Mio. Erwerbstätigen sind ⅓ Frauen (7,9 Mio.).
	Von den rund 5,2 Mio. nichtverheirateten, *erwerbstätigen Frauen* sind 4,4 Mio. ledig, 0,8 Mio. verwitwet oder geschieden. Von den ca. 2,8 Mio. verheirateten, erwerbstätigen Frauen sind 61% mithelfende Familienangehörige, 39% Arbeitnehmerinnen oder selbständige Frauen. Bei den Frauen im Alter von 15 bis 65 Jahren beträgt die Erwerbsquote 82,4%, sie ist mehr als dreimal so hoch wie die Erwerbsquote der verheirateten (26,0%) und mehr als doppelt so hoch wie die der verwitweten oder geschiedenen Frauen.
August	Gesetz zur Milderung sozialer Not der Vertriebenen und Flüchtlinge – Soforthilfefonds.

14. August   *1. Deutscher Bundestag* wird gewählt, in dieser Legislaturperiode wird Theodor Heuss Bundespräsident, Konrad Adenauer Bundeskanzler.
Im Bundestag sind 29 weibliche Abgeordnete (7,1 %). Von 1949 bis 1952 sind in den Länderparlamenten 104 weibliche Abgeordnete (8 %).

12. September *Gründung der Bundesrepublik.* Ende der Militärregierung – Besatzungsstatut regelt die Machtbefugnisse der alliierten Westmächte. Die deutsche West-Ost-Spaltung vertieft sich.

1. Oktober   Verfassung von Berlin-West tritt in Kraft.
Aufhebung der Lebensmittelrationierung.

7. Oktober   *Gründung der Deutschen Demokratischen Republik.* Wilhelm Pieck wird Präsident, Otto Grothewohl Ministerpräsident.

Oktober   Gewerkschaften der Bundesrepublik schließen sich zum DGB zusammen.
Gründung des Deutschen Frauenrings e. V.
Gründung der Deutschen Angestellten-Gewerkschaft, Abteilung weibliche Angestellte.
Gründung des Deutschen Akademikerinnenbundes e. V.
Gründung des Deutschen Hausfrauenbundes e. V.
Gründung des Verbandes der weiblichen Angestellten e. V.

November   Petersburger Abkommen verringert Besatzungslast. Beschränkung von Demontage und Reparationsleistungen.

1950

Die *Volkszählung* ergibt:

ca. 2 000 000   mehr arbeitsfähige Frauen als Männer
1 179 000   ledige Frauen über 40 Jahre
2 646 000   verwitwete und geschiedene Frauen über 40 Jahre
_____

ins. 5 825 000   alleinstehende Frauen im Bundesgebiet u. West-Berlin. (ca. 6 Mio. Frauen brauchen einen selbständigen Arbeitsverdienst, eine eigene Wohnung und im Alter eine angemessene Altersversorgung.)
Die *Arbeitsmarktkrise für Frauen* spitzt sich zu: Die Arbeitslosenrate steigt im Vergleich zu 1949 von 50,7% (27,4% in Westdeutschland) auf 56,0% (29,7% in Westdeutschland) im Jahre 1950 in West-Berlin. Während die Arbeitslosenrate der Männer 1949 von 49,3% (72,6% in Westdeutschland) auf 44,0% im Jahre 1950 sinkt (70,3% in Westdeutschland).

1. März   *Aufhebung der Lebensmittelrationierungen* (außer Zucker).

7. März   Gesetz zur *Berlin-Förderung*. Wirtschaftliche Unterstützung, Steuerfreibeträge. Die Wirtschaft Berlins steht weit zurück hinter der Entwicklung der Bundesrepublik – hohe Erwerbslosenquote (s. Tab. 11). Briefmarkenaktion seit 1948 „Notopfer Berlin" (2-Pfennig-Marke zus. auf Briefe).

April   *1. Wohnungsbaugesetz.* Förderung des sozialen Wohnungsbaus zur Beseitigung der Wohnungsnot. 1949/50 wurde in der Bundesrepublik eine halbe Mio. Wohnungen fertiggestellt, davon werden 408 300 öffentlich gefördert. Trotzdem hält die Wohnungsnot noch lange an, Tausende leben in Notunterkünften, Nissenhütten usw.; die meisten Wohnungen sind überbelegt.

19. Juni   *Heimkehrergesetz.* Ehemalige Kriegsgefangene erhalten besondere Rechte und Vergünstigungen.
Einrichtung eines Frauenreferats im Bundesministerium.
Gründung des Müttergenesungswerkes.
Gründung des Ärztinnenbundes und des Berufsverbandes für Sozialarbeiterinnen.

September   *New Yorker Außenministerkonferenz.* Drei-Mächte-Garantieerklärung für die Sicherheit West-Berlins und der Bundesrepublik.

Oktober   Vorbereitung zur Gründung der Bundeswehr. Öffentlicher Widerstand gegen Wiederaufrüstung. Demonstrationen, Widerstandsaktionen.

Dezember   NATO beschließt Schaffung einer atlantischen Armee mit Beteiligung deutscher Verbände.

20. Dezember   *Bundesversorgungsgesetz (BVG)* regelt Kriegsopferversorgung für Beschädigte und Hinterbliebene (Eltern, Witwen und Waisen).
Ca. 4,5 Mio. Kriegsversehrte, Kriegshinterbliebene und Kriegswaisen.
Neben 1,04 Mio. *verwitweten und geschiedenen Frauen* (in der Bundesrepublik und West-Berlin), die für sich allein in Einzelhaushalten leben, gibt es 1950 1,61 Mio. Frauen, die einem Haushalt von zwei und mehr Personen vorstehen. Von den letzteren bestreiten mehr als zumindest ein Drittel ihren Unterhalt ausschließlich oder weit überwiegend aus Renten, Unterstützungen und dgl., während fast ein Drittel erwerbstätig ist. Bis 1950 erhalten 41 900 alleinstehende Frauen mit drei oder mehr Kindern und 13 000 Vollwaisen einen Bescheid zum Empfang von Unterhaltshilfen nach dem Soforthilfegesetz.

1951

Januar	Die Abgabe für das seit 1948 bestehende „Notopfer Berlin" und die Berlinhilfe insgesamt wird erhöht. Gleichzeitig beschließt der Bundestag in Reaktion auf die steigenden Erwerbslosenzahlen und Preissteigerungen, die Arbeitslosenunterstützung ab 1. 4. 51 um 10 % zu erhöhen.

Über 3 Mio. Frauen oder 12 % aller weiblichen Personen sind verwitwet. Über 380 000 Frauen oder 1,5 % aller Frauen sind geschieden. Über 700 000 leben getrennt von ihren Männern.

Von über 530 000 unehelichen Kindern leben über 440 000 (83 %) bei ihren Müttern. Viele von ihnen sind auf staatliche Unterstützung angewiesen.

6. März *Revision des Besatzungsstatus in der Bundesrepublik.* Die Alliierte Hohe Kommission verzichtet auf Überwachung der Bundes- und Ländergesetzgebung; Devisenhoheit weitgehend hergestellt. Gründung des Auswärtigen Amtes.

April Beitritt der Bundesrepublik in die Montanunion. Die Bundesrepublik wird Vollmitglied im Europarat.

Juli Beschluß der formellen *Beendigung des Kriegszustandes* durch die drei Westmächte.

Aufhebung der Demontagen und der Industrieverbote.

Bundesrepublik übernimmt die deutschen Auslandsschulden.

September Interzonen-Handelsabkommen zwischen den Behörden der Bundesrepublik und der DDR.

14. September *Außenminister-Konferenz in Washington:* Umgestaltung deutsch-alliierter Beziehungen. Entwurf des Deutschland-Vertrages.

Der Bundesrepublik Deutschland soll volle Souveränität gewährt werden, vorausgesetzt, daß diese zur Verteidigung des Westens beiträgt.

28. September *Bundesverfassungsgericht* in Karlsruhe nimmt seine Tätigkeit auf.

Oktober	Gründung des Informationsdienstes für Frauenfragen. (Zusammenschluß von 14 Frauenverbänden und gewerkschaftlichen Frauenabteilungen.) Internationale Arbeitskonferenz beschließt gleiche Entlohnung von Männern und Frauen für gleiche Arbeit.

1952

10. März	UdSSR unterbreitet Entwurf eines Friedensvertrages mit Deutschland. Gegenvorschlag der Westmächte: Bildung einer gesamtdeutschen Regierung nach freien Wahlen.
26. Mai	Deutschlandvertrag zwischen Bundesrepublik und Westmächten. Bundesrepublik wird völkerrechtlich gleichberechtigt.
Mai	*Neues Berlin-Statut.* Bundesgesetze mit „Berlin-Klausel" werden durch „Mantelgesetze" übernommen. Die DDR beginnt, Besucherverkehr mit West-Berlin zu behindern und errichtet Sperrzone an ihrer Grenze. Gründung der Bundesanstalt für Arbeitsvermittlung und Arbeitslosenversicherung (Nürnberg). Verabschiedung des Betriebsverfassungsgesetzes. Nach Statistiken der Ortskrankenkassen übersteigt 1952 die *Krankheitshäufigkeit der Frauen* die der Männer. Überbelastung der Frauen seit Kriegsende, besonders der Mütter (Statistik d. Müttergenesungswerkes):

1947 litten	12 %	der Mütter an Abnützungskrankheiten
	14 %	an Schlaflosigkeit u. Nervenkrankheiten
1949 litten	30 %	an Abnützungskrankheiten
	31 %	an Schlaflosigkeit u. Nervenkrankheiten
1952 litten	59 %	an Abnützungskrankheiten
	43 %	an Schlaflosigkeit u. Nervenkrankheiten

1. Bundesfrauenkonferenz des DGB.
Verbesserung des Mutterschutzgesetzes: Arbeitsfreistellung 6 Wochen vor und nach der Entbindung; Kündigungsschutz während der Schwangerschaft und noch weitere 4 Monate nach der Entbindung.

Juli   Vertrag der Europäischen Gemeinschaft über Kohle- und Stahlproduktion (Montanunion), Ruhr-Statut beendet, Aufhebung der Produktionsbeschränkungen der westdeutschen Stahlindustrie.

August   Das *Lastenausgleichsgesetz (LAG)* regelt Schäden und Verluste, die durch Zerstörungen und Vertreibungen in der Kriegs- u. Nachkriegszeit entstanden sind.

3. Oktober   Neue Grenzsperren werden rings um West-Berlin durch die Volkspolizei (DDR) errichtet.

29. November   Über 200 000 Flüchtlinge aus der DDR und rund 150 000 Heimatvertriebene befinden sich in West-Berlin.

1953

27. Februar   Das *Londoner Schuldenabkommen* legt die deutschen Vorkriegsschulden auf ca. 13,3 Milliarden DM fest. Die Gesamtschuld (Verbindlichkeiten aus Marshall-Plan, Überschußgüter usw.) beträgt 15,28 Milliarden DM.

19. März   Ratifizierung des *Deutschland- und EVG-Vertrages* (EVG = Europäische Verteidigungsgemeinschaft). Aufhebung des Besatzungsstatuts, Stationierung von Streitkräften der westlichen Siegermächte, Eingriffsmöglichkeit der Siegermächte bei allen, „ganz Deutschland" betreffenden Angelegenheiten.

1. April   Verfassungsgrundsatz der *Gleichberechtigung* von Mann und Frau tritt in Kraft, Neuregelungen des Ehe- und Familienrechts stehen noch aus; Gründung des Familienministeriums.

März	Bisheriger Höhepunkt des Flüchtlingsstroms aus der DDR: 6000 Flüchtlinge an einem Tag; zwischen 1949 und 1953 kommen insgesamt 617 200 Flüchtlinge nach Berlin, davon werden 335 100 in die Bundesrepublik ausgeflogen.
19. Mai	*Bundesvertriebenengesetz* regelt die Rechtsstellung und Eingliederungsfragen der Vertriebenen und Flüchtlinge.
17. Juni	Aufstände in Ost-Berlin und in der DDR.
September	*2. Bundestagswahlen* in der Bundesrepublik. Konrad Adenauer wird zum 2. Mal Bundeskanzler. Im neuen Bundestag sitzen 29 weibliche Abgeordnete (8,8 %). Gründung des Jüdischen Frauenbundes. Das Bruttosozialprodukt ist im Zeitraum 1950 bis 1953 von 97,9 auf 152,8 Mrd. DM, das Volkseinkommen von 75,2 auf 112,1 Mrd. DM gestiegen. Das durchschnittliche Jahreseinkommen pro Person steigt von 1602 auf 2328 DM. Die Erwerbslosenquote sinkt von 8,2 % der Beschäftigten im Jahre 1950 auf 5,5 % 1953. Von 1949 bis 1953 werden 2 019 800 Wohnungen fertiggestellt (1 325 600 Wohnungen im Rahmen der öffentlich geförderten Wohnungsbauprogramme).

1954

Januar/ Februar	Außenminister der vier Siegermächte verhandeln über die „deutsche Frage" – ohne Erfolg.
Oktober	Ratifizierung der *„Pariser Verträge"* bereitet Beitritt der Bundesrepublik zur NATO, Beendigung der Besatzungszeit und Aufstellung der Bundeswehr (580 000 Mann) vor. *Wohnprobleme* am Beispiel von München. Hier leben rund 500 000 Frauen, etwa 15 % mehr Frauen als Männer. 125 000 Frauen sind alleinstehend, rund 80 000 berufstätig. Von den zugewiesenen Wohnungen fällt nur jede 30. Wohnung auf eine alleinstehende Frau, während ihr gerechter-

weise jede 6. Wohnung zustünde. Selbst bei der Vergabe von Kleinstwohnungen werden vollständige Familien bevorzugt.

November   Verabschiedung des *Kindergeldgesetzes*. Jedes 3. und weitere Kind (bis 18 Jahre) hat einen Rechtsanspruch auf Kindergeld in Höhe von DM 25,–.

1955

15. Januar   Grundsatzurteil des Bundesarbeitsgerichts erklärt die nach Frauen und Männern getrennten Lohngruppen sowie die *Frauenabschlagsklauseln* für *verfassungswidrig*.
Bis zu diesem Zeitpunkt wurden die Frauenlöhne nach der „Frauenlohnklausel" errechnet: Je nach Industriegruppe war ein Abzug vom entsprechenden Männerlohn vorgesehen. In der Metallindustrie z. B. verdienen Frauen 1955/56 je nach Tarifvertrag zwischen 75 % und 87,5 % des jeweiligen Männerlohnes.

25. Januar   UdSSR erklärt den Kriegszustand mit Deutschland für beendet.

29. Januar   „Deutsches Manifest" wird auf einer Protestkundgebung gegen die Wiederbewaffnung verkündet.

9. Februar   Erlaß des Bundesministeriums des Innern: Jeder unverheirateten weiblichen Person wird es freigestellt, sich „*Frau*" zu nennen, während sie sich bis dahin als „*Fräulein*" bezeichnen mußte. Die Bezeichnung „Frau" ist seitdem nicht mehr gleichbedeutend mit „Ehefrau".
Gründung der Bundesfrauenvertretung des deutschen Beamtenbundes.

5. Mai   „Pariser Verträge" treten in Kraft. Die *Bundesrepublik* erlangt *Souveränität*.

9. Mai   Die *Bundesrepublik* tritt der *NATO* bei.

14. Mai   Gründung des *Warschauer Paktes* unter Einbeziehung der DDR.

September   Aufnahme diplomatischer Beziehungen zwischen
                   der Bundesrepublik und der UdSSR. Die Sowjet-
                   union sagt die Heimkehr der letzten deutschen
                   Kriegsgefangenen zu.

1956

6. Februar   Deutscher Bundestag verabschiedet Gesetz über
                   die *Gleichheit der Entlohnung* von Männern und
                   Frauen für gleichwertige Arbeit.
                   Die Einführung von Leichtlohngruppen ist die
                   Folge: Diese ermöglichen auf indirekte Weise,
                   Frauenarbeiten in niedrigere Lohngruppen einzu-
                   stufen.

27. Juni   Das *2. Wohnungsbaugesetz* fördert den Neubau
                   weiterer 1,8 Mio. Sozialwohnungen für kinderrei-
                   che Familien, Schwerbeschädigte, Vertriebene und
                   Kriegsopfer mit niedrigem Einkommen.

7. Juli   Deutscher Bundestag verabschiedet Gesetz zur all-
                   gemeinen Wehrpflicht. Bereits im Januar wurden
                   die ersten freiwilligen Bundeswehrsoldaten einbe-
                   rufen.

17. August   Verbot der KPD in der Bundesrepublik.

September   Seit Januar 1949 sind über 1 Million Menschen
                   aus der Sowjetunion und der DDR in West-Berlin
                   eingetroffen.
                   Aus der Arbeit des Müttergenesungswerkes: Von
                   den 60 000 im Jahr 1956 betreuten Müttern litten
                   74,2 % an hochgradigen Erschöpfungszuständen
                   (1950 waren es „nur" 48 %), 36,6 % an Herz-
                   und Kreislaufstörungen, 14,6 % an neurovegetati-
                   ven Störungen, und 11,9 % wiesen Untergewicht
                   auf.

1957

In der Bundesrepublik leben 4,8 Millionen *„un-
vollständige" oder „Rest"-Familien,* etwa 27,6 %,
oder jede vierte Familie, bzw. verwitwete oder geschiedene Personen mit oder ohne Kinder, insgesamt 7,4 Millionen Menschen.

Einberufung der ersten 10 000 Wehrpflichtigen in die Bundeswehr.

Januar *Reform der Rentenregelung.* Die im Bundestag verabschiedete Neuregelung der Rentenversicherung erbringt die dynamische Leistungsrente, d. h. die Rente wird an die gestiegenen Löhne und Gehälter angepaßt und periodisch angeglichen.

März Vertrag über die Gründung der EWG fordert nochmals Lohngleichheit von Männern und Frauen.

Das Bruttosozialprodukt steigt 1954 bis 1957 von 164,3 auf 225,4 Mrd. DM, das Volkseinkommen von 121,1 auf 168,3 Mrd. DM.

Das Jahreseinkommen pro Kopf der Bevölkerung erhöht sich von 2486 DM auf 3337 DM.

Die Erwerbslosigkeit sinkt von 4,7 % der Beschäftigten im Jahre 1954 auf 1,9 % im Jahr 1957.

In den Jahren 1954 bis 1957 werden jährlich 560 000 Wohnungen fertiggestellt (davon 300 000 öffentlich gefördert).

12. April „Göttinger Erklärung": 18 deutsche Atomforscher protestieren gegen die geplante atomare Bewaffnung der Bundeswehr, gegen taktische Atomwaffen und rufen zum Verzicht auf Atomwaffen jeder Art auf.

April Das Bundesarbeitsgericht erklärt die sog. „Zölibatsklausel" in Arbeitsverträgen für rechtsungültig. Arbeitsverträge wiesen in verschiedenen Branchen bis zu diesem Zeitpunkt die Klausel auf, daß Arbeitnehmerinnen gekündigt werden können, wenn sie heiraten.

Juli West-Berlin wird in die EWG einbezogen.

7. Juli *„Frauentag gegen die Atomgefahr"* in der Frankfurter Paulskirche. Resolution von 18 deutschen Frauenorganisationen und Frauen verschiedener politischer Richtungen und Konfessionen: Sie fordern die Einstellung von Atomwaffenversuchen und wenden sich gegen die wachsende Atomge-

fahr. Die Bundesregierung wird zum Verzicht auf atomare Waffen aufgefordert; weiter verlangen die Frauen die Bildung einer atomwaffenfreien Zone in Mitteleuropa.

September
3. *Bundestagswahlen.* Konrad Adenauer wird zum 3. Mal Bundeskanzler.
Der Anteil der Frauen im Bundestag steigt von 8,8 % auf 9,2 %.

1958

25. März
Der Deutsche Bundestag beschließt die *atomare Bewaffnung der Bundeswehr.* Zahlreiche Protestkundgebungen, Demonstrationen, Unterschriftensammlungen gegen die atomare Bewaffnung.
Manifest „Frauen gegen Atombewaffnung".
„Westdeutsche Frauenfriedensbewegung" ist aktiv.

Juli
Gesetz über Gleichberechtigung von Mann und Frau tritt in Kraft.
Eherecht wird geändert: Ehefrau erhält mehr Befugnisse; die Einführung der Zugewinngemeinschaft macht beide, Mann und Frau, zu Eigentümern des während der Ehe erworbenen Vermögens.
Das Recht der Ehefrau auf Erwerbstätigkeit bleibt eingeschränkt; die Pflicht, bei finanzieller Not erwerbstätig zu werden, ist uneingeschränkt. Eine Verpflichtung des Ehemannes zur Mithilfe bei der Hausarbeit ist nicht vorgesehen.

30. Juli
Entscheidung des Bundesverfassungsgerichts: Die geplante Volksbefragung zur atomaren Bewaffnung wird als verfassungswidrig erklärt.

November
2. *Berlin-Krise.* Die Sowjetunion kündigt ihre Vier-Mächte-Verantwortung über Deutschland und Berlin auf. In Noten an die Westmächte, die Bundesrepublik und die DDR betrachtet sie, von der „faktischen Lage" ausgehend, die alliierten Vereinbarungen über Berlin (1944/45) „als nicht

mehr in Kraft befindlich", zumal die Westmächte
das mit ihnen zusammenhängende Potsdamer Abkommen gebrochen hätten. Die Sowjetunion fordert, binnen sechs Monaten West-Berlin zu ent-
militarisieren und als Freistaat in eine „selbständige politische Einheit" umzuwandeln.

1959

10. Januar
Entwurf eines Friedensvertrages der UdSSR: zwei
deutsche Staaten – West-Berlin eine freie Stadt,
Bündnisfreiheit.

16. Februar
Verhandlungen über Deutsche Frage und europäische Sicherheit von den drei Westmächten befür-
wortet; Ablehnung von gesonderten Verhandlungen über Berlin.

9. März
Der sowjetische Ministerpräsident Chruschtschow erklärt sich mit der Stationierung eines
geringen Truppenkontingents der Westmächte in
West-Berlin einverstanden.
Chruschtschow verlängert das Sechs-Monats-Ulti-
matum, kündigt jedoch einen separaten Frieden
mit der DDR an, falls die Westmächte den Frie-
densvertragsentwurf ablehnen.

11. Mai–
5. August
Alliierte *Außenministerkonferenz in Genf:* Ver-
handlungen über Berlin- und Deutschland-Frage.
Friedensplan der Westmächte: Einheit Berlins
durch freie Wahlen; gesamtdeutsche Wahlen;
Volksabstimmung über Wahlgesetz, Wahlen zur
Nationalversammlung, Regierungsbildung. Die
Verhandlungen führten zu keinen Ergebnissen.

27. Mai
3. Bundesfrauenkonferenz des DGB. Forderung:
„Gleicher Lohn für gleiche Arbeit", da das „Gesetz von 1956" noch immer nicht durchgesetzt
sei: Kampf gegen Leichtlohngruppen, die die ehemaligen Frauenlohngruppen ersetzt haben, aber
de facto das gleiche darstellen. In vielen Fällen ist
die Bezahlung der Frauen niedriger als die gezahl-
ten Hilfsarbeiterlöhne: Leichtlohngruppen schaffen Kategorie der Hilfs-Hilfsarbeiterin.

August　　　　　Der DGB fordert die Einführung der 5-Tage-Wo-
　　　　　　　　che (40 Stunden).

1960

Juni　　　　　　Verabschiedung des Gesetzes über den *Abbau der
　　　　　　　　Wohnungszwangswirtschaft.*
　　　　　　　　Einführung des „weißen Kreises", Mieterhöhun-
　　　　　　　　gen, Erlaß neuer Kündigungsfristen.
　　　　　　　　Ausgleich für Mietsteigerungen bei einkommens-
　　　　　　　　schwachen Mietern durch Miet- und Lastenbeihil-
　　　　　　　　fen (später Wohngeld).
　　　　　　　　Wohnungsnot in West-Berlin. ⅓ aller Wohnungs-
　　　　　　　　suchenden in West-Berlin ist alleinstehend. Die
　　　　　　　　überwiegende Mehrheit sind alleinstehende Frau-
　　　　　　　　en mit oder ohne Kinder. Trotz der vielen fertigge-
　　　　　　　　stellten Wohnungen bleiben gerade alleinstehende
　　　　　　　　Frauen mit Wohnungen unterversorgt.

August　　　　　*Jugendarbeitsschutzgesetz.* Kinderarbeit wird ver-
　　　　　　　　boten; Jugendliche ab 14 Jahren dürfen beschäf-
　　　　　　　　tigt werden (aber nicht in Akkord- und Fließband-
　　　　　　　　arbeit).

1961

Das Bruttosozialprodukt steigt in den Jahren
1958 bis 1961 von 241,2 auf 326,2 Mrd. DM.
Das Volkseinkommen steigt von 180,1 auf 251,6
Mrd. DM, und das durchschnittliche Jahreseinkommen erhöht sich pro Person von 3528 DM
auf 4479 DM.
Die Erwerbslosigkeit sinkt von 1,7 % der Beschäftigten 1958 auf 0,5 % 1961.
Die *Erwerbstätigkeit der Frauen* steigt kontinuierlich, besonders die Mütter-Erwerbstätigkeit
(vgl. Tabelle 10).
Arbeitskräftemangel: Anwerben der ersten aus-
ländischen Arbeitskräfte.
Seit 1949 sind ca. 3 Millionen Flüchtlinge aus der
DDR in die Bundesrepublik und nach West-Berlin
gekommen.

13. August   DDR-Regierung läßt die Sektorengrenze zwischen Ost- und West-Berlin und die Zonengrenze nach West-Berlin schließen. *West-Berlin* wird durch eine *Mauer* abgeriegelt.

September   *4. Bundestagswahlen.* Adenauer wird Bundeskanzler. Im neuen Bundestag sind 43 weibliche Abgeordnete (8,3 %).

Familienrechtsänderung: Verankerung der Gütertrennung; eine uneheliche Mutter erhält bei Eignung die elterliche Gewalt über ihr Kind; die Unterhaltspflicht des Vaters besteht bis zum 18. Lebensjahr des Kindes.

Einführung des Kindergeldes vom zweiten Kind an (DM 25,– pro Monat).

Schaubilder und Tabellen

Die Schaubilder und Tabellen haben wir so geordnet, daß zuerst die Aufteilung Berlins in die vier Besatzungszonen und anschließend die Zerstörungen durch den Luftkrieg in Deutschland und in Berlin dokumentiert werden. Daran schließen sich die Tabellen an, die allgemeine Entwicklungen auf der Ebene von Bevölkerungszu- und -abnahme, Heiratsverhalten, Geburtenraten, Scheidungsziffer, Familienstand und Haushaltsstrukturen aufzeigen. Schließlich werden Tabellen aufgeführt, die sich auf die Erwerbstätigkeitsentwicklung, Erwerbslosenquoten und Lohnhöhe von Frauen in dieser Zeit beziehen.

Wir haben das dargestellte Zahlenmaterial entnommen aus:
Statistisches Jahrbuch der Bundesrepublik Deutschland der Jahre 1952–1961
Berlin in Zahlen, Statistisches Amt der Stadt Berlin (Hrsg.), 1947–1949
Statistisches Jahrbuch Berlin, 1950–1961
Soziologischer Almanach, 1975
Bundesministerium für Arbeit und Statistik, Die Frau im Erwerbsleben, Bonn 1954
Bericht der Bundesregierung über die Situation der Frau in Beruf, Familie und Gesellschaft, Bonn 1966.

In den Quellen wird darauf hingewiesen, daß das erhobene Zahlenmaterial, gerade für die Jahre 1943–1950, lückenhaft ist und teilweise auf unterschiedlichen Erhebungsgrundlagen basiert. Diesen Vorbehalten müssen wir uns anschließen und besonders bei den Statistiken zur Frauenerwerbstätigkeit und -erwerbslosigkeit darauf hinweisen, daß diese Zahlen aus Berechnungsgrundlagen erstellt wurden, die das Ausmaß der Frauenerwerbstätigkeit und -erwerbslosigkeit nicht hinreichend erfassen.
Eine ausführliche Analyse und Relativierung der verfügbaren Statistiken bezüglich der u. E. teilweise problematischen Berechnungsgrundlagen ist an dieser Stelle nicht möglich und bedürfte ideologiekritischer Überlegungen und umfangreicher Neuberechnungen des statistischen Materials.

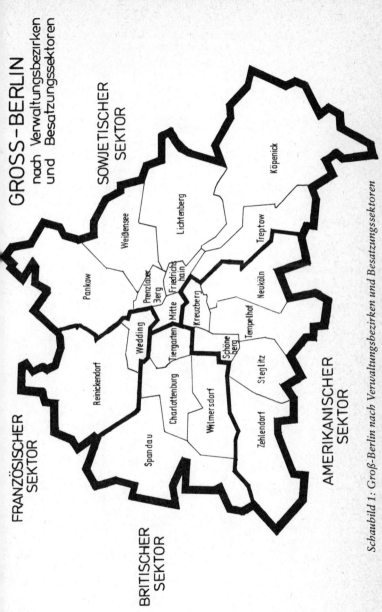

Schaubild 1: Groß-Berlin nach Verwaltungsbezirken und Besatzungssektoren

Kriegszerstörungen in den deutschen Städten

Schaubild 2: Kriegszerstörungen in deutschen Städten

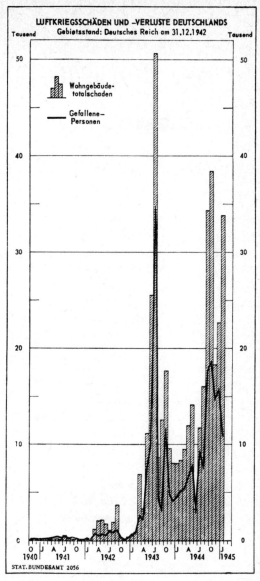

Schaubild 3: Luftkriegsschäden und -verluste Deutschlands

WOHNRÄUME IN GROSS-BERLIN
1943 UND 1946

 am 1.1.1943
▬▬▬▬▬ am 13.4.1946

VERW.-BEZIRK   WOHNRÄUME in Tausend

1 Mitte
2 Tiergarten
3 Wedding
4 Prenzl. Berg
5 Friedrichshain
6 Kreuzberg
7 Charlottenburg
8 Spandau
9 Wilmersdorf
10 Zehlendorf
11 Schöneberg
12 Steglitz
13 Tempelhof
14 Neukölln
15 Treptow
16 Köpenick
17 Lichtenberg
18 Weißensee
19 Pankow
20 Reinickendorf

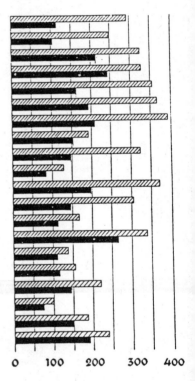

0   100   200   300   400

Schaubild 4: Wohnräume in Groß-Berlin 1943 und 1946

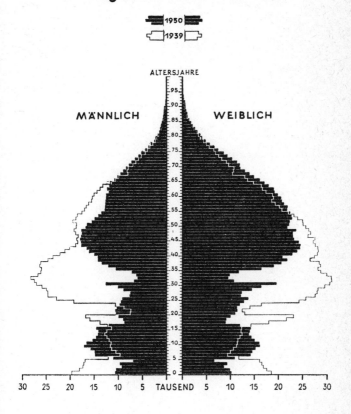

Schaubild 5: Wohnbevölkerung West-Berlins im Vergleich von 1939 und 1950

Tabelle 1:
Bevölkerungsentwicklung in den Jahren 1938 bis 1960
Männer und Frauen
im Vergleich im Bundesgebiet und in Berlin

Jahr	Bevölkerung Bundesgebiet			Bevölkerung Berlin		
	Gesamt Reichsgeb. in 1000	Männer %	Frauen %	Männer %	Frauen %	Gesamt Groß-Berlin in 1000
1938	68558[1]			45,8[5]	54,2[5]	4323.7[5]
1939	69314	49,2[3]	50,8[3]	45,6	54,4	
1940	69838			45,3	54,7	4339.8
1941	70244			45,3	54,7	4346.1
1942	70834			45,5	54,5	4413.2
1943	70411			45,9	54,1	4489.7
1944	69865			46,5	53,5	4344.6
1945				36,8	63,2	2807.4
	BRD					W.-Berlin
1946	43694	44,9[3]	55,1[3]	40,4	59,6	1968.7
1947	44632			40,8	59,2	2050.7
1948	45901			41,4	58,6	2102.1
1949	46778			41,9	58,1	2104.9
1950	47696	46,7[4]	53,3[4]	42,4	57,6	2136.8
1951	48109[2]	46,9	53,1	42,6	57,4	2162.8
1952	48698	46,9	53,1	42,5	57,5	2169.6
1953	49142	47,0	53,0	42,5	57,5	2208.1
1954	49687			42,5	57,5	2192.5
1955	50187	47,1	52,9	42,5	57,5	2195.0
1956	50789	46,9	53,1	42,5	57,5	2221.8
1957	51433	47,0	53,0	42,5	57,5	2224.5
1958	52073	46,8	53,2	42,4	57,6	2225.9
1959	52670	46,9	53,1	42,4	57,6	2214.3
1960	53231			42,4	57,6	2204.2

[1] Die Angaben für die Jahre 1933–1950, Quelle: Statistisches Jahrbuch der Bundesrepublik Deutschland, 1952, S. 13.
[2] Die Angaben für die Jahre 1951–1960, Quelle: Statistisches Jahrbuch der Bundesrepublik Deutschland, 1962, S. 34.

[3] Die Angaben für 1939 und 1946, Quelle: Statistisches Jahrbuch der Bundesrepublik Deutschland, 1954, S. 31.

[4] Die Angaben für die Jahre 1950–1959, Quelle: Soziologischer Almanach, 1975, S. 39.

[5] Die Angaben für die Jahre 1938–1960, Quelle: Statistisches Jahrbuch Berlin, 1961, S. 23.

In Tabelle 1 wird der Bevölkerungsrückgang in Berlin zwischen 1938 und 1945 sowie die langsame Bevölkerungsabnahme nach 1945 in West-Berlin deutlich. Außerdem zeigt sie die Zunahme der Frauenmehrheit (die es in Berlin schon vor dem Krieg gab), die sich auch in den 50er Jahren fortsetzt. In der Nachkriegszeit gibt es auch im Bundesgebiet eine Frauenmehrheit. Diese ist jedoch bedeutend geringer als in Berlin.

Tabelle 2:
Entwicklung der Heiratsziffern in den Jahren 1938 bis 1959 im Bundesgebiet und in Berlin

| Jahr | Eheschließungen | | | |
| | im Bundesgebiet[1] | | in Berlin[2] | |
	absolut	auf 1000 Einwohner	absolut	auf 1000 Einwohner[3]
1938	367 863	9,5	30 778	11,2
1939			38 666	14,1
1940			32 699	11,9
1941			26 961	9,8
1942			26 364	9,4
1943			22 606	9,5
1944			15 002	8,8
1945			12 271	7,0[4]
1946	380 575	8,8	13 128	6,7
1947	454 398	10,2	16 812	8,2
1948	493 606	10,8	20 459	9,7
1949	476 806	10,3	18 881	9,0
1950	506 101	10,8	19 426	9,1
1951	493 563	10,4	19 636	9,1
1952	455 410	9,5	19 446	9,0
1953	435 250	9,0	18 697	8,5
1954	427 408	8,8	17 861	8,1
1955	435 516	8,9	18 379	8,4
1956	450 889	9,0	19 044	8,6
1957	453 810	9,0	19 927	9,0
1958	464 716	9,1	20 308	9,1
1959	473 892	9,2	20 685	9,3

[1] Quelle: Statistisches Jahrbuch der Bundesrepublik Deutschland, 1960, S. 60.
[2] In Berlin (West) geschlossene Ehen.
[3] 1925 bis 1942 und ab 1947 bezogen auf die mittlere fortgeschriebene Bevölkerung; 1943 bis 1946 bezogen auf die mittlere versorgte Bevölkerung nach der Lebensmittelkartenausgabe. Da vom Jahr 1942 an der Austausch der standesamtlichen Zählkarten wegen der Kriegswirren unterblieb – es fehlen in den Zahlen die auswärts geborenen oder gestorbenen Berliner, während die Geburten und Sterbefälle Ortsfremder darin mitenthalten sind –, entsprechen die Zahlen für 1942 bis 1945 in ihrer Entwicklung nicht den tatsächlichen Verhältnissen. Angesichts einer verstärk-

ten Evakuierung der Stadt von werdenden Müttern ab August 1943 betrifft das
insbesondere die Zahl der Lebendgeborenen.
[4] Nur für Mai bis Dezember.

> In Tabelle 2 wird deutlich, daß nach einem Anstieg der
> Heiratsziffern bei Kriegsbeginn die Heiratsziffern im Ver-
> lauf des Krieges deutlich sinken und auch in den 50er Jah-
> ren das Vorkriegsniveau in Berlin nicht erreichen.

Erläuterung zu Tabelle 3, S. 220:

> Tabelle 3 zeigt, daß auch die Geburtenrate das Vorkriegs-
> niveau im Nachkriegsberlin nicht wieder erreicht, ande-
> rerseits die Zahl der unehelich geborenen Kinder deutlich
> über den Quoten von 1938 liegt. Außerdem ist die Zahl
> der unehelich Geborenen viel höher als im Bundesgebiet.

Tabelle 3:
Geburtenentwicklung in den Jahren 1938 bis 1959 im Vergleich Bundesgebiet und West-Berlin

Jahr	Geburten Bundesgebiet			Geburten West-Berlin		
	lebend Geborene insges.	unehelich Geborene abs.	%	lebend Geborene insges.	unehelich Geborene abs.	%
1938	769 306[1]	49 641[1]	6,5[1]	40 662[2]	4417[2]	10,9[2]
1943	–	–	–	34 572	4069	11,8
1944	–	–	–	13 744	3164	23,0
1945	–	–	–	19 072	4315	22,6
1946	708 659	116 310	16,4	14 447	2774	18,5
1947	748 975	88 897	11,9	19 107	2861	15,0
1948	769 111	78 806	10,2	20 088	2727	13,6
1949	791 878	75 387	9,3	20 603	2838	13,8
1950	772 850	74 506	9,6	21 614	3575	16,5
1951	758 472	72 246	9,6	19 464	3537	18,2
1952	762 469	68 152	8,9	18 051	3155	17,5
1953	759 813	65 101	8,6	17 890	3123	17,5
1954	779 854	64 826	8,3	17 549	3082	17,6
1955	785 082	60 685	7,7	17 116	2950	17,2
1956	819 952	60 222	7,3	17 485	2947	16,9
1957	855 241	60 636	7,1	17 863	2773	15,5
1958	865 907	58 238	6,7	18 806	2869	15,3
1959	909 815	59 407	6,5	20 998	3433	16,3

[1] Die Angaben 1938–1959, Quelle: Statistisches Jahrbuch der Bundesrepublik Deutschland, 1960, S. 60.

Tabelle 4:
Entwicklung der Scheidungsziffern in den Jahren 1939 bis 1958 im Bundesgebiet und in Berlin

	Ehescheidungen			
	im Bundesgebiet[1]		in Berlin[2]	
Jahr	absolut	auf 10000 Einwohner	absolut	auf 10000 Einwohner
1939	29303	7,5	12644	29,1
1940	–	–	9848	22,6
1941	–	–	10739	24,6
1942	–	–	–	–
1943	–	–	–	–
1944	–	–	–	–
1945	–	–	–	–
1946	48422	9,9	11760	37,5
1947	76091	17,0	12768	39,4
1948	87013	18,9	15363	46,5
1949	79409	17,0	11921	–
1950	74638	15,9	9472	44,2
1951	55862	11,8	7724	35,7
1952	50833	10,6	6839	31,5
1953	47383	9,8	6215	28,1
1954	44438	9,1	5920	27,0
1955	42538	8,6	5477	24,9
1956	40731	8,2	5055	22,7
1957	41187	8,2	4884	21,9
1958	42726	8,4	4942	22,2

[1] Bundesgebiet ohne Saarland und Berlin, Quelle: Statistisches Jahrbuch der Bundesrepublik Deutschland, 1960, S. 60.

[2] 1925 bis 1948: Groß-Berlin, 1949: Zahlen enthalten infolge der in diesem Jahr erfolgten Spaltung der Rechtssprechung in Ehesachen nur einen Teil der Urteile für Bewohner des sowjetischen Sektors von Berlin; 1950 bis 1960: Berlin (West), Quelle: Statistisches Jahrbuch Berlin, 1961, S. 44.

Tabelle 4: Bei den Scheidungsziffern fällt auf, daß die Zahl der Ehescheidungen in Berlin durchgängig sehr viel höher liegt als im Bundesgebiet. Nach einem Anstieg der Scheidungsraten in der Zeit zwischen 1946 und 1950 sinken die Scheidungsraten in den 50er Jahren kontinuierlich. Der Anstieg der Scheidungsraten in der unmittelbaren Nachkriegszeit dürfte auf die voreilig geschlossenen Kriegsehen und die Belastungen der Nachkriegszeit zurückzuführen sein.

Erläuterung zu Tabelle 5, S. 223:

Tabelle 5 zeigt, daß die Zahl der verwitweten und geschiedenen Frauen 1945 durch die Auswirkungen des Krieges gegenüber 1939 stark zunimmt und die Zahl der verwitweten und geschiedenen Männer deutlich übersteigt. Andererseits nimmt die Zahl der verheirateten Männer und Frauen in den 50er Jahren zu und die der Ledigen ab. Diese Entwicklung gilt sowohl für das Bundesgebiet als auch für Berlin (vgl. Tab. 6), wobei die Zahl der verwitweten Frauen, die in Berlin leben, deutlich höher liegt.

Tabelle 5:
Bevölkerung nach dem Familienstand im Bundesgebiet im Vergleich
der Jahre 1939, 1950 und 1961

Familienstand		1939[1] Männer	1939[1] Frauen	1950[2] Männer	1950[2] Frauen	1961[2] Männer	1961[2] Frauen
ledig	abs.	9 616 000	9 140 000	11 222 125	11 507 569	11 644 079	11 341 027
	%	49,7	45,7	47,3	42,5	44,1	38,1
verheiratet	abs.	9 004 000	8 968 000	11 449 364	11 809 641	13 670 446	13 734 826
	%	46,6	44,8	48,3	43,6	51,8	46,2
verwitwet	abs.	594 000	1 710 000	802 462	3 307 832	782 194	4 042 175
	%	3,1	8,5	3,4	12,2	3,0	13,6
geschieden	abs.	120 000	185 000	244 144	455 796	294 910	618 983
	%	0,6	0,9	1,0	1,7	1,1	2,1
insgesamt	abs.	19 335 000	20 002 000	23 718 064	27 080 838	26 397 115	29 742 563
	%	100	100	100	100	100	100

[1] Bundesministerium für Arbeit und Statistik, Die Frau im Erwerbsleben, Bonn, 1954, S. 4.
[2] Bericht der Bundesregierung über die Situation der Frauen im Beruf, Familie und Gesellschaft, Bonn, 1966, S. 307.

Tabelle 6:
Bevölkerung nach dem Familienstand in Berlin im Vergleich der Jahre 1939, 1945, 1950 und 1959

Familienstand		1939[1]		1945[2]		1950[3]		1959[3]	
		Männer	Frauen	Männer	Frauen	Männer	Frauen	Männer	Frauen
ledig	abs.	720950	858277	218993	367998	348366	426426	349355	406810
	%	36,7	36,4	34,5	33,4	38,2	34,5	37,3	32,0
verheiratet	abs.	1125783	1126368	367557	514672	499387	525722	517980	528228
	%	57,3	47,8	58,0	46,8	54,8	42,6	55,4	41,5
verwitwet	abs.	67504	283565	34300	175232	36278	219452	37643	256261
	%	3,4	12,0	5,4	16,0	4,0	17,8	4,0	20,1
geschieden	abs.	50535	88531	13166	42288	27473	64028	30599	81108
	%	2,6	3,8	2,1	3,8	3,0	5,1	3,3	6,4
insgesamt	abs.	1964772	2356749	634016	1100190	911504	1235448	935577	1272407
	%	100	100	100	100	100	100	100	100

[1] Bezogen auf Groß-Berlin, Quelle: Berlin in Zahlen, Stat. Amt d. Stadt Berlin (Hrsg.), Berlin 1947, S. 75 ff.
[2] Bezogen auf West-Berlin, Quelle: Berlin in Zahlen, Hauptamt f. Statistik Groß-Berlin (Hrsg.), Berlin 1949, S. 64 ff.
[3] Bezogen auf West-Berlin, Quelle: Stat. Jahrbuch Berlin 1961, Stat. Landesamt Berlin (Hrsg.), Berlin 1961, S. 30 ff.

Tabelle 7:
Weibliche Haushaltsvorstände in Ein- und Mehrpersonenhaushalten nach dem Familienstand in den Jahren 1950, 1957 und 1961 im Bundesgebiet ohne Berlin

Familien- stand	Insgesamt					
	1950[2]		1957[3]		1961[4]	
	1000	%	1000	%	1000	%
Ledig	830	21,7	870	21,7	1006	23,3
Verheiratet	559	14,6	88	2,2	94	2,2
Verwitwet	2157	56,3	2694	67,3	2808	65,0
Geschieden	285	7,4	352	8,8	415	9,6
Insgesamt	3831	100,0	4004	100,0	4322	100,0

Familien- stand	Einpersonenhaushalte[1]					
	1950[2]		1957[3]		1961[4]	
	1000	%	1000	%	1000	%
Ledig	599	34,7	666	30,9	770	32,0
Verheiratet	114	6,6	–	–	–	–
Verwitwet	895	51,9	1341	62,2	1460	60,6
Geschieden	116	6,8	149	6,9	180	7,5
Insgesamt	1724	100,0	2156	100,0	2410	100,0

Familien- stand	Mehrpersonenhaushalte					
	1950[2]		1957[3]		1961[4]	
	1000	%	1000	%	1000	%
Ledig	231	11,0	204	11,0	236	12,3
Verheiratet	446	21,1	88	4,8	94	4,9
Verwitwet	1262	59,9	1353	73,2	1348	70,5
Geschieden	169	8,0	203	11,0	235	12,3
Insgesamt	2106	100,0	1848	100,0	1913	100,0

[1] Ohne Verheiratete, die keine Angaben über ihren Ehemann gemacht haben, da 1957 hierfür keine Unterlagen vorlagen.
[2] Die Frau im Staat, Haushalt und Familie, Ein Zahlenbericht aus der amtlichen Statistik, Bonn 1960, S. 35.
[3] Bericht der Bundesregierung über die Situation der Frauen in Beruf, Familie und Gesellschaft, Bonn 1966, S. 313.
[4] Ebenda.

Tabelle 7 beschreibt den zahlenmäßigen Anteil der Gruppe der alleinstehenden Frauen. Es wird deutlich, daß die Alleinstehenden 1950 in überwiegendem Maße in Mehrpersonenhaushalten leben. Dieser Anteil nimmt bis 1961 jedoch deutlich ab. Gleichzeitig steigt im selben Zeitraum der Anteil der weiblichen Einpersonenhaushalte. Aus diesen Zahlen ist ablesbar, daß einerseits wegen der Auflösung von Frauengemeinschaften und andererseits wegen des Erwachsenwerdens und Auszugs der Kinder die Tendenz zur Vereinzelung alleinstehender Frauen zunimmt.

Tabelle 8:
Deutsche Industriearbeiter im Vergleich
Männer und Frauen in den Jahren 1939–1944

Jahr	Insgesamt absolut in 1000	Männer absolut in 1000	%	Frauen absolut in 1000	%
31. Juli 1939	10.405	7.785	74,8	2.620	25,2
31. Mai 1940	9.415	6.850	72,8	2.565	27,2
30. Nov. 1940	9.401	6.786	72,2	2.615	27,8
31. Mai 1941	9.057	9.444	71,2	2.613	28,8
30. Nov. 1941	8.861	6.235	70,4	2.626	29,6
31. Mai 1942	8.378	5.798	69,2	2.580	30,8
30. Nov. 1942	8.011	5.518	68,9	2.493	31,1
31. März 1943	7.893	5.317	67,4	2.576	32,6
31. Juli 1943	8.098	5.290	65,3	2.808	34,7
30. Nov. 1943	7.948	5.161	64,9	2.787	30,1
31. Jan. 1944	7.782	5.001	64,3	2.781	35,7
31. März 1944	7.720	4.975	64,4	2.745	35,6
31. Mai 1944	7.715	4.978	64,5	2.737	35,5
31. Juli 1944	7.515	4.837	64,4	2.678	35,5

Quelle: Effects of Strategic Bombing, abgedruckt in:
Milwood, Alan S., Die deutsche Kriegswirtschaft 1939–1945, Stuttgart 1966, S. 47.

Tabelle 8 verdeutlicht, daß im Verlauf des Krieges in verstärktem Maße Frauen in der Industrie eingesetzt werden und Mitte 1944 über 35 % der Industriearbeiter Frauen sind.

Tabelle 9:
Industriearbeiterlöhne im Vergleich
Männer–Frauen 1936–1939 und 1947–1953

Bruttowochenverdienste RM / DM

	durchschnittlicher Lohn		
Jahr	Männer	Frauen	
	absolut	absolut	in % d. Männer-lohnes
Reichsgebiet			
1936	37,74	21,17	56,1
1937	39,57	22,17	56,0
1938	41,95	23,43	55,9
1939	43,54	23,67	54,4
Bundesgebiet			
1947[1]	40,10	21,89	54,6
1948[1]	48,25	27,60	57,2
1949[1]	61,58	36,26	58,9
1950	67,65	40,01	59,1
1951	76,96	44,85	58,3
1952	82,99	48,02	57,9
1953	87,19	51,34	58,9
1956	105,86	61,94	58,5

[1] ohne Rheinland-Pfalz, Südbaden, Südwürttemberg-Hohenzollern

Die Angaben 1936–39, Quelle: Statistisches Jahrbuch der Bundesrepublik Deutschland, 1952, S. 412; die Angaben 1947–53, Quelle: Statistisches Jahrbuch der Bundesrepublik Deutschland, 1954, S. 477; die Angaben 1956, Quelle: Statistisches Jahrbuch der Bundesrepublik Deutschland, 1957, S. 516.

Tabelle 9 zeigt, daß der Durchschnittslohn von Frauen sowohl vor als auch nach dem Krieg immer weit unter dem der Männer liegt.

Tabelle 10:
Beschäftigte und Erwerbslose im Vergleich
Männer und Frauen im Bundesgebiet
in den Jahren 1938, 1949–1958

Jahr	Beschäftigte			Erwerbslose		
	insges. in 1000	Männer in 1000 %	Frauen in 1000 %	insges. in 1000	Männer in 1000 %	Frauen in 1000 %
1938	12243.7	8794.6 71,8	3449.1 28,2	–	–	–
1949[1]	13488.7	9525.0 70,6	3963.7 29,4	1283.3	931.5 72,6	351.8 27,4
1950[1]	13845.6	9693.7 70,0	4151.8 30,0	1538.1	1081.9 70,3	456.2 29,7
1951[2]	14583.3	10050.1 68,9	4533.2 31,1	1653.6	1147.1 69,4	506.5 30,6
1952	14583.5	10062.5 70,0	4521.0 30,0	1579.6	1075.0 68,1	504.6 31,9
1953	15204.7	10438.3 68,7	4766.3 31,3	1392.9	943.3 53,4	449.5 46,6
1954	15758.1	10711.4 68,0	5046.8 32,0	1427.4	975.1 68,3	452.3 31,7
1955	16442.3	11066.5 67,3	5375.8 32,7	1405.5	962.8 68,5	442.7 31,5
1956	17531.4	11728.8 66,9	5802.6 33,1	1019.3	666.6 65,4	352.7 34,6
1957	18464.6	12298.4 66,6	6166.2 33,4	702.2	402.5 57,3	299.7 42,7
1958	18319.8	11974.0 65,4	6345.8 34,5	1108.2	833.7 75,2	274.5 24,8

[1] Quelle: Statistisches Jahrbuch der Bundesrepublik Deutschland, 1954, S. 129.
[2] 1951–1958, Quelle: Statistisches Jahrbuch der Bundesrepublik Deutschland, 1959, S. 121.

Tabelle 11:
Beschäftigte und Erwerbslose im Vergleich
Männer und Frauen in Berlin in den Jahren 1948–1960

	Beschäftigte			Erwerbslose		
Jahr	insges. abs.	Männer abs. %	Frauen abs. %	insges. abs.	Männer abs. %	Frauen abs. %
1948	–	–	–	112970	58448 51,7	54522 48,3
1949[1]	710083	408539 57,5	301544 42,5	278713	137521 49,3	141192 50,7
1950[2]	737544	432480 58,6	305064 41,4	286472	126133 44,0	160339 56,0
1951[3]	757236	440778 58,2	316458 41,8	277449	117744 42,4	159705 57,6
1952[4]	750334	427840 57,0	322444 43,0	267916	123408 46,1	144508 53,9
1953[5]	761154	443292 58,2	317862 41,8	222999	98552 44,2	124447 55,8
1957[6]	–	–	–	91377	38508 43,0	52869 57,0
1958	–	–	–	80468	36984 46,0	43484 54,0
1959	–	–	–	60018	30018 50,0	30000 50,0
1960	–	–	–	33251	17642 53,2	15559 46,8

[1] Berlin in Zahlen 1950, S. 57.
[2] Berlin in Zahlen 1951, S. 55.
[3] Berlin in Zahlen 1952, S. 70.
[4] Berlin in Zahlen 1953, S. 73.
[5] Statistisches Jahrbuch der Bundesrepublik, 1954, S. 85.
[6] Statistisches Jahrbuch der Bundesrepublik, 1961, S. 129.

Tabelle 10 und Tabelle 11 zeigen das Verhältnis zwischen Männern und Frauen bei den Beschäftigten und Erwerbslosen im Bundesgebiet und in Berlin. Während der Anteil der Frauen an der Beschäftigtenzahl in den 50er Jahren leicht ansteigt, unterliegt ihr Anteil an den Erwerbslosen stark den Konjunkturschwankungen. In der Krise der Jahre 1950–1952 erhöht sich der Prozentanteil erwerbsloser Frauen deutlich, um dann im Verlaufe der 50er Jahre wieder abzusinken. In Berlin ist der Anteil der Frauen an den Erwerbslosen deutlich höher als im Bundesgebiet.

Literaturhinweise

An weitergehender Literatur haben wir aus verschiedenen Themenbereichen zur Ergänzung und Vertiefung folgende Titel ausgewählt, wobei die Liste keinen Anspruch auf Vollständigkeit erhebt.
Wir haben versucht, darauf zu achten, daß die ausgewählten Bücher leicht erhältlich sind. Die zahlreichen Aufsätze zu den verschiedenen Themenbereichen konnten wir aus Platzgründen nicht
berücksichtigen.

1. Allgemeine Nachkriegsgeschichte

Werner Abelshauser, Wirtschaftsgeschichte der Bundesrepublik
  Deutschland 1945–1980, Frankfurt 1983
Richard Bauer, Ruinenjahre, München 1983
Josef Becker, Theo Stammen u. Peter Waldmann, Vorgeschichte
  der Bundesrepublik Deutschland. Zwischen Kapitulation und
  Grundgesetz, München 1979
Isaack Deutscher, Reportagen aus dem Nachkriegsdeutschland,
  Hamburg 1980
dtv-Atlas zur Weltgeschichte. Karten und chronologischer Abriß.
  Bd. II: Von der französischen Revolution bis zur Gegenwart,
  München [1]1966
Bernt Engelmann, Wie wir wurden, was wir sind. Von der bedin-
  gungslosen Kapitulation bis zur unbedingten Wiederbewaff-
  nung, München 1980
Bernt Engelmann, Wir sind wieder wer. Auf dem Weg ins Wirt-
  schaftswunderland, München 1981
Helga Grebing, Peter Pozorski und Rainer Schulze, Die Nach-
  kriegsentwicklung im Nachkriegsdeutschland 1945–1949,
  Stuttgart 1980
Ernst-Ulrich Huster u. a. (Hg.), Determinanten der westdeutschen
  Restauration 1945–1949, Frankfurt 1975
Herbert Lilge (Hg.), Deutschland 1945–1963, Hannover 1967
Paul Noack, Die deutsche Nachkriegszeit, München/Wien 1973
Friedrich Prinz, Integration und Neubeginn. Dokumentation,
  München 1984

Kurt Pritzkoleit, Gott erhält die Mächtigen. Rück- und Rundblick auf den deutschen Wohlstand, Düsseldorf 1963

Hans-Jörg Ruhl (Hg.), Neubeginn und Restauration. Dokumente zur Vorgeschichte der Bundesrepublik Deutschland 1945–1949, München 1982

Jürgen Weber (Hg.), Geschichte der Bundesrepublik Deutschland, Bd. I (1945–1947); Bd. II (1948), Paderborn 1981 und 1982

Hans Ulrich Wehler (Hg.), Moderne deutsche Sozialgeschichte, Köln und Berlin 1970

Westdeutschlands Weg zur Bundesrepublik 1945–1949. Hg. von Mitarbeitern des Instituts für Zeitgeschichte, München 1976

Heinrich August Winkler (Hg.), Politische Weichenstellung im Nachkriegsdeutschland 1945–1953. Sonderheft 5 der Zeitschrift für Geschichte und Gesellschaft, Göttingen 1979

2. Berlin-Geschichte

Berlin baut auf – Berlin am Werk, hg. v. Economic Cooperation Administration Office of the Special Mission of Germany, Frankfurt/Main o. J.

Berlin im Brennpunkt des Weltgeschehens, Heft 1–9, hg. v. Presseamt des Senats von Berlin, Berlin o. J.

Berlin nach dem Krieg – Wie ich es erlebte, hg. v. Presse- und Informationsamt des Landes Berlin, Berlin 1977

Berlin. Quellen und Dokumente 1945–1951 (2 Bde.), Berlin 1964

Bibliographie zur Geschichte der Mark Brandenburg und der Stadt Berlin 1941–1956, hg. v. d. Arbeitsgruppe Bibliographie im Institut für Geschichte der Deutschen Akademie der Wissenschaften zu Berlin, Berlin 1961

Peter Gosztony, Der Kampf um Berlin 1945 in Augenzeugenberichten, Düsseldorf 1970

Andreas Hillgruber, Berlin Dokumente 1944–1961, Darmstadt 1961

Harold Hurwitz, Die politische Kultur der Bevölkerung und der Neubeginn konservativer Politik. Demokratie und Antikommunismus in Berlin nach 1945, Bd. 1, Köln 1983

Harold Hurwitz und Klaus Sühl, Autoritäre Tradierung und Demokratiepotentiale in der sozialdemokratischen Arbeiterbewegung. Demokratie und Antikommunismus in Berlin nach 1945, Bd. II: Köln 1984

Kurt Pritzkoleit, Berlin. Ein Kampf ums Leben, Düsseldorf 1962

Diethelm Prowe, Weltstadt in Krisen. Berlin 1949–1958, Veröffentlichungen der Historischen Kommission zu Berlin, Bd. 42, Berlin 1973

Statistiken

Berlin in Zahlen 1945, Hauptamt für Statistik (Hg.), Berlin 1945
Berliner Statistik, Statistisches Amt für Groß-Berlin (Hg.), Sonderheft 2, Ergebnisse der Arbeitsstättenzählung in Berlin v. 12. 8. 1945, Jahrgang 1947
Berliner Statistik, Hauptamt für Statistik (Hg.), Sonderheft 7, Die Ergebnisse der Berufszählung v. 29. 10. 1946 für Groß-Berlin, Berlin 1949
Berlin in Zahlen 1947, Hauptamt für Statistik (Hg.), Berlin 1949
Statistische Jahrbücher Berlin, Statistisches Landesamt zu Berlin (Hg.), 1952 ff. bis 1982
Wirtschaft und Statistik, Statistisches Bundesamt (Hg.), JG. 1 (1949/50) ff

3. Frauengeschichte

Rosemarie Beier, Frauenarbeit und Frauenalltag im Deutschen Kaiserreich, Frankfurt und New York 1983
Dokumentation 4. Historikerinnentreffen, TU Berlin, März 1983, zusammengestellt von der Vorbereitungsgruppe, Berlin 1983
Frauengeschichte, Dokumentation des 3. Historikerinnentreffens in Bielefeld, April 1981, Beiträge zur feministischen Theorie und Praxis, Nr. 5, München 1981
Frauengruppe Faschismusforschung, Mutterkreuz und Arbeitsbuch. Zur Geschichte der Frauen in der Weimarer Republik und im Nationalsozialismus, Frankfurt 1981
Ute Gerhard, Verhältnisse und Verhinderungen. Frauenarbeit, Familie und Rechte der Frauen im 19. Jahrhundert, Frankfurt a. M. 1978
Ursula v. Gersdorf, Frauen im Kriegsdienst 1919–1945, Stuttgart 1969
Barbara Greven-Aschoff, Die bürgerliche Frauenbewegung in Deutschland 1894–1933, Göttingen 1981
Karin Hausen (Hg.), Frauen suchen ihre Geschichte. Historische Studien zum 19. und 20. Jahrhundert, München 1983

Claudia Honnegger (Hg.), Listen der Ohnmacht. Zur Sozialgeschichte weiblicher Widerstandsformen, Frankfurt 1981

Anna-Elisabeth Freier, Frauenpolitik 1945–1949. Quellen und Materialien, Düsseldorf 1985

Anna-Elisabeth Freier und Annette Kuhn (Hg.), Frauen in der Geschichte V, „Das Schicksal Deutschlands liegt in der Hand seiner Frauen" – Frauen in der deutschen Nachkriegsgeschichte, Düsseldorf 1984

Gertraude Kittler, Hausarbeit. Geschichte einer „Natur-Ressource", München 1980

Dorothee Klinksiek, Die Frau im NS-Staat, Stuttgart 1982

Annette Kuhn u. a. (Hg.), Frauen in der Geschichte I–IV, Düsseldorf 1979–1983

Annette Kuhn und Valentine Rothe (Hg.), Frauen im deutschen Faschismus (2 Bände), Düsseldorf 1982

Sibylle Meyer, Das Theater mit der Hausarbeit. Bürgerliche Repräsentation in der Familie der Wilhelminischen Zeit, Frankfurt und New York 1982

Ursula Nienhaus, Berufsstand weiblich. Die ersten weiblichen Angestellten, Berlin 1982

Heidi Rosenbaum, Formen der Familie. Untersuchungen zum Zusammenhang von Familienverhältnissen, Sozialstruktur und sozialem Wandel in der deutschen Gesellschaft des 19. Jahrhunderts, Frankfurt a. M. 1982

Herrad Schenk, Die feministische Herausforderung. 150 Jahre Frauenbewegung in Deutschland, München 1980

Doris Schubert, Frauenarbeit von 1945–1949. Quellen und Materialien, Düsseldorf 1984

Renate Wiggershaus, Geschichte der Frauen und der Frauenbewegung in der Bundesrepublik Deutschland und in der Deutschen Demokratischen Republik nach 1945, Wuppertal 1979

Angelika Willms, Die Entwicklung der Frauenerwerbstätigkeit in Deutschland. Eine historisch-soziologische Studie, Nürnberg 1980

Dörte Winkler, Frauenarbeit im Dritten Reich, Hamburg 1977

Anke Wolf-Graf, Frauenarbeit im Abseits. Frauenbewegung und weibliches Arbeitsvermögen, München 1981

4. Untersuchung zu Familie und Alltag der Nachkriegszeit

Gerhard Baumert, Deutsche Familien nach dem Kriege, Darmstadt 1954

Lutz Niethammer (Hg.), „Die Jahre weiß man nicht, wo man die heute hinsetzen soll". Faschismuserfahrungen im Ruhrgebiet, Berlin/Bonn 1983

Lutz Niethammer (Hg.), „Hinterher merkt man, daß es richtig war, daß es schiefgegangen ist". Nachkriegserfahrungen im Ruhrgebiet, Berlin/Bonn 1983

Elisabeth Pfeil, Die Berufstätigkeit von Müttern. Eine empirisch-soziologische Erhebung, Tübingen 1961

Hilde Thurnwald, Gegenwartsprobleme Berliner Familien, Berlin 1948

Helmut Schelsky, Wandlungen der deutschen Familie in der Gegenwart: Darstellungen und Deutungen einer empirisch-soziologischen Tatbestandsaufnahme, Stuttgart 1954

Helga Schmucker, Die ökonomische Lage der Familie in der Bundesrepublik Deutschland, Stuttgart 1961

Gerhard Wurzbacher, Leitbilder gegenwärtigen deutschen Familienlebens, Stuttgart 1958

5. Lebensberichte/Autobiographien/Biographien

Ruth Andreas-Friedrich, Schauplatz Berlin. Ein deutsches Tagebuch, München 1962

Berlin nach dem Krieg – wie ich es erlebte. 28 Erlebnisberichte von älteren Berlinern aus dem Wettbewerb des Senators für Arbeit und Soziales, Berliner Forum, Bd. 9/1977

Margret Boveri, Tage des Überlebens, Berlin 1945

Margaret Bourke-White, Deutschland April 1945, München 1979

Gisela Dischner (Hg.), Eine stumme Generation berichtet. Frauen der dreißiger und vierziger Jahre, Frankfurt 1982

Eine Frau in Berlin. Tagebuchaufzeichnungen (Verfasserin anonym), Genf/Frankfurt 1959

Karla Höcker, Die letzten und die ersten Tage. Berliner Aufzeichnungen, Berlin 1945

Jochen Köhler, Klettern in der Großstadt. Geschichten vom Überleben 1933–1945, Berlin 1981

Waltraud Küppers, Mädchentagebücher der Nachkriegszeit, Stuttgart 1964

Marie-Elisabeth Lüders, Fürchte Dich nicht! Persönliches und Politisches aus mehr als 80 Jahren, Köln/Opladen 1963

Michael Schröder (Hg.), Auf geht's: Rama, Dama! Frauen und Männer aus der Arbeiterbewegung berichten über Wiederaufbau und Neubeginn 1945–1949, Köln 1984

Inge Stolten (Hg.), Der Hunger nach Erfahrung, Frauen nach '45, Berlin/Bonn 1981

Gabriele Strecker, Überleben ist nicht genug. Frauen 1945–1960, Freiburg i. Br. 1981

6. Bildbände/Ausstellungskataloge

Hermann Claasen, Das Ende. Kriegszerstörung im Rheinland, Köln 1983

Dieter Franck, Jahre unseres Lebens 1945–1949, München 1980

Frauenalltag und Frauenbewegung 1890–1980. Ausstellungskatalog des Historischen Museums Frankfurt, Frankfurt/Main 1981

Frank Grube u. Gerhard Richter, Das Wirtschaftswunder. Unser Weg in den Wohlstand, Hamburg o. J.

– Flucht und Vertreibung. Deutschland zwischen 1944 und 1947, Hamburg o. J.

– Die Schwarzmarktzeit. Deutschland zwischen 1945 und 1948, Hamburg o. J.

– Die Gründerjahre der Bundesrepublik Deutschland zwischen 1945 und 1955, Hamburg o. J.

Georg Holmsten, Kriegsalltag. 1933–1945 in Deutschland, Düsseldorf 1982

Nikolaus Jungwirth u. Gerhard Kromschröder, Die Pubertät der Republik. Die 50er Jahre der Deutschen, Frankfurt/Main 1978

Annette Kuhn u. Doris Schubert (Hg.), Frauenalltag und Frauenbewegung im 20. Jahrhundert. Materialiensammlung zu der Abteilung 20. Jahrhundert im Historischen Museum Frankfurt, Bd. IV, Frauen in der Nachkriegszeit und im Wirtschaftswunder 1945–1980, Frankfurt/Main 1980

Friedrich Prinz (Hg.), Trümmerzeit in München. Kultur und Gesellschaft einer deutschen Großstadt im Aufbruch 1945–1949, München 1984

Henry Ries, Berlin vor 25 Jahren. Fotos aus der Zeit der Blockade, Berlin 1973

Eckhardt Siepmann (Hg.), Bikini – Die Fünfziger Jahre – Kalter Krieg und Capri-Sonne, Berlin 1981

Bernhard Schulz (Hg.), Grauzonen – Farbwelten. Kunst und Zeit-
bilder 1945–1955, Berlin 1983
Ann u. Jürgen Wilde (Hg.), Von Weimar bis zum Ende. Friedrich
Seidenstücker, Dortmund 1980

7. Romane

Ingeborg Drewitz, Gestern war heute. Hundert Jahre Gegenwart,
Düsseldorf 1978
Christel Dorpat, Welche Frau wird so geliebt wie du. Eine Ehege-
schichte, Berlin 1982
Renate Fabel, Söckchenzeit. Eine Nachkriegskindheit, Bergisch-
Gladbach 1983
Renate Fabel, Wir Wundertöchter. Eine Jugend in den 50er Jahren,
München 1981
Christine Haidegger, Zum Fenster hinaus. Eine Nachkriegskind-
heit, Reinbek 1979
Rainer Horbelt u. Sonja Spindler, Tante Linas Kriegskochbuch.
Rezepte einer ungewöhnlichen Frau in schlechten Zeiten zu
überleben, Frankfurt/Main 1982
Angelika Mechtel, Wir sind arm, wir sind reich, Reinbek 1982
Elisabeth Pigge, Magere Zeiten. Eine Familiengeschichte aus der
Nachkriegszeit 1945–1948, München 1982
Curt Riess, Berlin 1945–1953, Berlin 1953
Curt Riess, Alle Straßen führen nach Berlin, Hamburg 1968
Helma Sanders-Brahms, Deutschland, bleiche Mutter. Film-Erzäh-
lung, Reinbek 1980
Gerhard Zwerenz, Die Ehe der Maria Braun. Nach einem Film von
Rainer Werner Faßbinder, München 1979

Bildnachweise

Abb. 1, 8, 10, 11, 12, 17, 36, 40: Privatbesitz. Abb. 2, 3, 5, 7, 9, 19, 24, 25, 32, 48: Bildarchiv Preußischer Kulturbesitz, Berlin. Abb. 13, 14, 22, 28, 30, 33, 35, 37, 38, 39, 44: Landesbildstelle Berlin. Abb. 4, 6, 15, 18, 20, 23, 26, 27, 29, 31, 34, 42: Ullstein Bilderdienst, Berlin. Abb. 16 aus: Frank Grube/Gerhard Richter, Schwarzmarktzeit. Deutschland zwischen 1945 und 1948, Hamburg 1979; S. 121. Abb. 21 aus: Berlin, Quellen und Dokumente 1945–1951, Berlin 1964; S. 277. Abb. 43: roe-Bild, Frankfurt a. M. Abb. 45, 46, 49 aus: Will McBride, Knips. Berliner Bilder aus den 50er Jahren, Berlin 1979; S. 52, 47, 12. Abb. 47 aus: D. Franck (Hg.), Die fünfziger Jahre. Als das Leben wieder anfing, München 1981; S. 17. Abb. 50: Alfred Strobel, München. Abb. 51 aus: Wir haben es erlebt, München o. J., S. 19.

Schaubild 1 aus: Berlin in Zahlen 1947–48. Hauptamt für Statistik der Stadt Berlin. Schaubild 2 aus: Frank Grube/Gerhard Richter, Die Gründerjahre der Bundesrepublik. Deutschland zwischen 1945 und 1955, Berlin 1981; S. 8. Schaubild 3 aus: Lutz Niethammer (Hg.), Wohnen im Wandel. Beiträge zur Geschichte des Alltags in der bürgerlichen Gesellschaft, Wuppertal 1979; S. 409. Schaubild 4 aus: Berlin in Zahlen 1950. Hauptamt für Statistik der Stadt Berlin. S. 101. Schaubild 5 aus: Statistisches Jahrbuch Berlin 1953.